The Bilingual Revolution Series

TBR Books

Un programme du Center for the Advancement of Languages, Education and Communities (CALEC)

Nos livres en anglais

Mamma in her Village, Maristella de Panizza Lorch

The Bilingual Revolution: Conversations on Bilingualism, Fabrice Jaumont

Beyond Gibraltar, Maristella de Panizza Lorch

The Clarks of Willsborough Point: A Journey through Childhood, Darcey Hale

The Other Shore, Maristella de Panizza Lorch

The Gift of Languages: Paradigm Shift in U.S. Foreign Language Education, Fabrice Jaumont & Kathleen Stein-Smith

Two Centuries of French Education in New York: The Role of Schools in Cultural Diplomacy, Jane Flatau Ross

The Clarks of Willsborough Point: The Long Trek North, Darcey Hale

The Bilingual Revolution: The Future of Education is in Two Languages, Fabrice Jaumont

Nos livres en traduction

El regalo de las lenguas, un cambio de paradigma en la enseñanza de las lenguas extranjeras en Estados Unidos, Fabrice Jaumont y Kathleen Stein-Smith

Le don des langues : vers un changement de paradigme dans l'enseignement des langues étrangères aux États-Unis, Fabrice Jaumont et Kathleen Stein-Smith

Die Bilinguale Revolution: Die Zukunft der Bildung liegt in zwei Sprachen, Fabrice Jaumont

La revolución bilingüe: El futuro de la educación está en dos idiomas, Fabrice Jaumont

ДВУЯЗЫЧНАЯ РЕВОЛЮЦИЯ: БУДУЩЕЕ ОБРАЗОВАНИЯ НА ДВУХ ЯЗЫКАХ, Фабрис Жомон

La Révolution bilingue : Le futur de l'éducation s'écrit en deux langues, Fabrice Jaumont

Rewolucja Dwujęzyczna : Przyszłość edukacji jest w dwóch językach, Fabrice Jaumont

La Rivoluzione Bilingue: Il futuro dell'istruzione in due lingue, Fabrice Jaumont

Des mêmes auteurs

Kathleen Stein-Smith. *The U.S. Foreign Language Deficit: Strategies for Maintaining a Competitive Edge in a Globalized World* (Palgrave-MacMillan, 2016).

Kathleen Stein-Smith. *The U.S. Foreign Language Deficit and How It Can Be Effectively Addressed in the Globalized World: A Bibliographic Essay* (Edwin Mellen Press, 2013).

Kathleen Stein-Smith. *The U.S. Foreign Language Deficit and Our Economic and National Security: A Bibliographic Essay on the U.S. Language Paradox.* (Edwin Mellen Press, 2013).

Kathleen Stein-Smith et Fabrice Jaumont *The Gift of Languages: Paradigm Shift in U.S. Foreign Language Education.* (TBR Books, 2019)

Fabrice Jaumont. *Partenaires inégaux : fondations américaines et universités en Afrique* (Éditions Maison des Sciences de l'Homme, 2018).

Fabrice Jaumont. *Stanley Kubrick: The Odysseys* (Books We Live by, 2018).

Fabrice Jaumont. *The Bilingual Revolution: The Future of Education is in Two Languages* (TBR Books, 2017).

Fabrice Jaumont. *Unequal Partners: American Foundations and Higher Education Development in Africa* (Palgrave-MacMillan, 2016).

LE DON DES LANGUES

Vers un changement de paradigme dans l'enseignement des langues étrangères aux États-Unis

Fabrice Jaumont & Kathleen Stein-Smith

Traduit de l'anglais par Julie Hallac

TBR Books
New York

Copyright © 2019 par Fabrice Jaumont et Kathleen Stein-Smith

Tous droits réservés. Aucune partie de cette publication ne peut être reproduite, distribuée ou transmise par quelque moyen que ce soit sans l'accord préalable de l'éditeur.

TBR Books est un programme du Center for the Advancement of Languages, Education and Communities. Nous publions des chercheurs et des praticiens qui cherchent à impliquer différentes communautés sur des sujets liés à l'éducation, aux langues, à l'histoire culturelle et aux initiatives sociales.

TBR Books
146 Norman Avenue
Brooklyn, New York
www.tbr-books.org | contact@tbr-books.org

Illustration de la couverture © Jonas Cuénin
Design de la couverture © Nathalie Charles

ISBN 978-1-947626-32-4 (broché)

ISBN 978-1-947626-37-9 (eBook)

Titre original : *The Gift of Languages: Paradigm Shift in U.S. Foreign Language Education*

Library of Congress Control Number: 2018914029

Table des matières

PRÉAMBULE I
PRÉFACE III
AVANT-PROPOS V
1 - LA NÉCESSITÉ D'UN CHANGEMENT DE PARADIGME 1
2 - LA DÉFENSE DES COMPÉTENCES EN LANGUES ÉTRANGÈRES 21
3 - LES BÉNÉFICES SOCIÉTAUX DU PLURILINGUISME 39
4 - COMBLER LE DÉFICIT LINGUISTIQUE DES ÉTATS-UNIS 49
5 - INITIER UN CHANGEMENT DE PARADIGME 55
6 - UNE VOIE VERS L'APPRENTISSAGE EFFICACE DES LANGUES ÉTRANGÈRES 75
7 - LE POTENTIEL DE L'ÉDUCATION EN DEUX LANGUES 85
8 - L'IMPORTANCE MONDIALE DU PLURILINGUISME 99
9 - VALORISER LES COMMUNAUTÉS POUR UN FUTUR PLURILINGUE 113
RÉFÉRENCES 117
INDEX 131
A PROPOS DES AUTEURS 137
A PROPOS DE TBR BOOKS 139
A PROPOS DE CALEC 141

Préambule

« Nous sommes à un point critique pour notre pays où nous pouvons soit rester dans la lignée de notre passé monolingue, soit nous tourner vers un avenir plurilingue et plus inclusif. *Le don des langues* nous aide à visualiser le changement de paradigme nécessaire pour entreprendre de manière concrète un programme d'études et adopter un état d'esprit plurilingues dans nos écoles ainsi que dans nos communautés. Co-écrit par deux pionniers et experts chevronnés du monde éducatif bilingue et plurilingue, ce livre est une lecture incontournable pour les éducateurs, les décideurs, les leaders communautaires, les étudiants et les parents intéressés et souhaitant apporter des changements en ce sens dans le système éducatif actuel. »

— Andrew H. Clark, Ph.D. Chaire, Département de Littérature et de Langues Modernes, Fordham University

« *Le don des langues* devrait faire prendre conscience à tous les Américains, en particulier les décideurs, de la nécessité d'élever et de donner aux futures générations de citoyens multilingues les moyens de faire face à la concurrence et de s'épanouir au sein de notre communauté mondiale. Un de nos pères fondateurs et présidents, Thomas Jefferson, a expliqué le besoin d'enseigner les langues lorsqu'il a fondé l'Université de Virginie ; en tant que nation, nous n'avons pas respecté ses paroles et ses actes. Rappelons-nous que nous étions au départ un groupe de peuples diverses, aussi bien sur le plan linguistique que culturel, qui se sont unis pour construire une nation forte à travers l'histoire. La diversité linguistique est le don dont notre pays doit se doter ! »

— Francesco L. Fratto, Président, The Foreign Language Association of Chairpersons and Supervisors

« La maîtrise des langues est essentielle pour communiquer et comprendre les autres, se respecter et valoriser nos héritages et nos racines. *Le don des langues* constitue une boîte à outils inestimable pour les décideurs, les éducateurs, les familles et les étudiants qui travaillent déjà dans le domaine des langues et pour ceux qui espèrent créer le type de changement de paradigme préconisé par les auteurs. Le livre fournit des arguments convaincants en faveur d'un développement de l'apprentissage des langues à tous les niveaux. Ceci doit notamment se faire par un élargissement de l'étendue et de la variété des opportunités d'éducation multilingue qui se propagent déjà dans les systèmes scolaires publics de l'Utah à la Louisiane, en passant par New York et au-delà. Les auteurs citent des exemples de la « révolution bilingue » en cours et fournissent des arguments et des exemples qui parlent aux éducateurs et qui peuvent orienter les politiques vers une plus grande valorisation de l'éducation en langues étrangères aux États-Unis. Ce livre est indispensable pour quiconque s'intéresse à l'avenir de l'enseignement des langues étrangères. »

— Jane F. Ross, Ph.D. Présidente et fondatrice,
French Heritage Language Program

Préface

Plus de 60% de la population mondiale est bilingue ou polyglotte (ce qui sous-entend que ceci est une norme pour l'être humain) et de multiples études démontrent les avantages cognitifs, sociaux, politiques et financiers du bilinguisme. Cependant aux États-Unis, nous entendons régulièrement des histoires de personnes humiliées, harcelées et parfois violentées pour le seul fait de parler une autre langue, même lorsqu'ils sont anglophones.

Facile d'accès, ce livre offre des réponses détaillées aux questions « pourquoi » et « comment » le pays devrait adopter et promouvoir la diversité linguistique. Si les possibilités offertes aux adultes sont bien documentées, les auteurs sont encore plus investis et passionnés par la promotion de programmes éducatifs pour la petite enfance qui ne laisseraient aucun enfant monolingue. Je ne peux envisager de meilleure façon de passer d'une vision de « l'anglais unique » à « l'anglais plus une autre langue » de notre nation et de créer une société plus inclusive.

Nous avons besoin d'une feuille de route et ce livre nous motive à la suivre en nous présentant clairement les champs du possible et les trajectoires qui s'offrent à nous.

— Kimberly J. Potowski, Ph.D.
Professeure au Département des études hispaniques et italiennes de l'Université de l'Illinois à Chicago.

Avant-propos

L'émergence de nouveaux standards internationaux et la montée en puissance de l'enseignement des sciences dures ou dites STEM (sciences, technologies, génie civil et mathématiques) transforment des secteurs éducatifs entiers. Cependant, dans un contexte où les écoles concentrent davantage leur pédagogie sur les compétences globales adaptées au XXIème siècle, il est désormais indispensable de réinvestir les éducateurs et les communautés scolaires des objectifs de l'apprentissage des langues, du plurilinguisme et de l'alphabétisation plurilingue. Ceci doit être mis en œuvre tout en promouvant l'interconnectivité, l'empathie et la compréhension mutuelle entre nos jeunes. En prenant tout ceci en considération, il est important de comprendre le potentiel de l'éducation plurilingue car elle peut répondre aux nouvelles attentes de nos sociétés et apporter aux nouvelles générations les outils nécessaires pour réussir.

Ce livre explore les nombreux avantages offerts par l'éducation plurilingue et ouvre la voie à un nouveau paradigme dans notre approche de l'enseignement et de l'apprentissage des langues étrangères. Il traite de la question de leur déficit aux États-Unis et des changements requis dans nos écoles pour mieux former nos enfants et servir les communautés linguistiques. Ce livre aborde l'essor récent de l'enseignement en deux langues et explore les liens qui existent entre la planification de l'enseignement plurilingue et la résolution du problème que rencontrent les États-Unis en matière de langues étrangères.

Le débat sur l'enseignement des langues aux États-Unis n'a jamais été neutre. De plus, les priorités commerciales et géopolitiques ont traditionnellement orienté et dominé les politiques américaines en matière d'éducation linguistique. Cependant, ce débat doit encore évoluer vers une compréhension de l'éducation plurilingue comme approche essentielle à notre société, au cœur des préoccupations des législateurs de ce secteur.

Selon nous, il est temps de changer le paradigme de l'enseignement des langues étrangères pour être à la hauteur des besoins de nos élèves et les doter des compétences linguistiques solides nécessaires, tant sur un plan personnel que professionnel, dans un monde de plus en plus ouvert et compétitif.

Changer ce paradigme nécessite de créer des environnements scolaires où les langues sont davantage présentes, enseignées dans la classe et pratiquées en dehors. Ceci doit être mis en place dans le cadre d'un projet commun porté par la communauté scolaire et dans lequel la pratique des langues combine plaisir et résultats probants.

Changer ce paradigme, c'est d'abord créer une culture linguistique partagée dans les écoles, en mobilisant les compétences des professeurs de toutes les disciplines et en encourageant tous les acteurs à transmettre le don des langues.

Changer ce paradigme signifie laisser libre court aux forces en présence et encourager la créativité de tous les acteurs des communautés linguistiques, valoriser leurs idées et pratiques ainsi que développer les stratégies pour un apprentissage et un enseignement des langues réussis.

Changer ce paradigme exige d'élaborer une méthode de travail américaine qui allie notre héritage linguistique à l'option politique du plurilinguisme pour notre futur.

Enfin, ceci nécessite d'adopter une approche plus collective pour soutenir les enseignants, les accompagner et partager les bonnes pratiques. Cela implique aussi de fournir des informations, des conseils et des outils aux familles plurilingues souhaitant créer un programme de langues dans leur école ou maintenir leur héritage linguistique. Nous espérons que ce livre touchera parmi ses lecteurs des éducateurs, des professeurs de langues, des directeurs d'école, des coordinateurs de programmes, des conseillers scolaires, des chercheurs, des législateurs et des parents voulant joindre leurs forces dans la construction du futur de l'éducation et investir dans le capital plurilingue de notre nation.

Fabrice Jaumont et Kathleen Stein-Smith
New York, New York
15 octobre 2018

LE DON DES LANGUES

Chapitre 1
La nécessité d'un changement de paradigme

En considérant les langues en contact dans ce monde globalisé et interconnecté, il est essentiel de s'interroger sur l'importance des langues dans le développement d'une perception globalisée du monde et des valeurs de la citoyenneté mondiale. Nous devons alors décider quel modèle serait préférable : celui d'un monde plurilingue ou celui d'un monde qui ne connait qu'une seule *lingua franca* ? De ces réflexions et décisions initiales s'imposent différents choix aux individus, aux organisations, aux institutions et surtout au gouvernement, choix qui influent sur nos pratiques éducatives, sociales et culturelles. Tout dépend du futur que nous envisageons.

Afin de parvenir à un changement de paradigme face au manque d'intérêt généralisé pour l'apprentissage des langues étrangères aux États-Unis, et afin de diminuer les inégalités liées à ou basées sur la langue, une défense efficace des langues étrangères prenant appui sur un partenariat entre éducateurs, entreprises, gouvernement et parents est nécessaire.

Si nous faisons le choix du plurilinguisme et si nous voulons garantir un programme éducatif pérenne, il sera nécessaire d'obtenir le soutien des parties prenantes au sein des communautés linguistiques concernées, y compris celui des parents, pendant la phase de planification. L'étape suivante consiste en une réflexion sur les structures organisationnelles qui doivent être développées pour soutenir le programme. Des familles et individus prennent des décisions personnelles au regard du maintien et du soutien de leur langue d'héritage et/ou de l'apprentissage de langues additionnelles. Les communautés décident quant à elles si oui ou non elles développent et implémentent des programmes bilingues ou d'immersion en deux langues ou si elles offrent une ou plusieurs langues étrangères au sein du programme pédagogique. Si une décision est prise d'encourager l'apprentissage de langues additionnelles, il est important de prévoir un apport en professeurs qualifiés, des livres adaptés et d'autres matériels nécessaires pour développer et rendre cette initiative pérenne. Il est aussi crucial de réfléchir aux possibilités de financements, y compris externes, pour soutenir toute formation nécessaire de professeur ou le développement de programmes pédagogiques.

Chaque changement de paradigme s'accompagne de difficultés qui doivent être surmontées avant de l'étendre à une plus grande échelle. Au cœur de ces difficultés se trouvent le financement et le budget des écoles. L'accès au matériel scolaire dans la langue cible est un problème fréquemment rencontré par les éducateurs. Leur rareté et leur coût sont des obstacles significatifs, notamment pour les écoles qui n'ont pas suffisamment de ressources. Surmonter ces obstacles demande une solide collaboration entre les administrateurs des écoles et les fondations et associations en mesure de faire des contributions cruciales à ces changements. La réussite de nombreuses expériences bilingues dépend du soutien constant accordé à ces partenariats importants.

Un défi tout aussi important est la difficulté de recruter des enseignants plurilingues. Les lois qui régulent les conditions d'enseignement dans les écoles publiques aux États-Unis varient d'un État à l'autre. Ainsi, l'échantillon de candidats est réduit de façon significative. Une certification nationale plutôt qu'étatique serait une manière de venir à bout de ces difficultés administratives. De plus, seul un petit nombre d'enseignants ont la nationalité américaine ou une carte verte, et tandis que les écoles peuvent délivrer différents visas, ces derniers sont toujours temporaires. Certains États autorisent la délivrance de visas *seulement si* aucun autre professeur américain ne peut faire ce même travail. Ceci réduit de façon significative les opportunités pour les écoles à la recherche de locuteurs natifs de la langue cible dans le but de créer un environnement plus immersif. Ce problème est d'autant plus important dans les écoles éloignées que dans les grands centres urbains. Heureusement, il existe une solution qui pourrait marcher sur le long terme : les étudiants aujourd'hui inscrits dans un cursus bilingue, une fois leurs études terminées et devenant parfois enseignants eux-mêmes, ont le potentiel d'être certifiés, qualifiés et de devenir des éducateurs bilingues compétents.

Tandis que les individus et les groupes conçoivent souvent leur langue comme faisant partie de leur identité personnelle et culturelle et que les linguistes voient les langues comme un outil de communication sous le prisme de leur histoire, structure et relation aux autres langues, il est aussi nécessaire de penser les langues et les compétences linguistiques comme un atout professionnel pour les travailleurs, les employeurs, les nations et les organisations internationales.

Les langues ouvrent des portes et offrent des opportunités. Les compétences linguistiques sont ainsi une véritable force pour la mobilité géographique, la communication, l'accès à l'information et à l'éducation, ainsi que pour se doter de la capacité à interagir de façon efficace sur la scène mondiale. Dans un monde globalisé et interconnecté, il est aussi nécessaire de penser les langues en termes d'influence et de *soft power*, c'est-à-dire d'« habilité à encourager la collaboration et à construire des réseaux et des relations » (Gray, 2017). Il a aussi été dit que l'apprentissage des langues étrangères encourage la tolérance (Thompson, 2016 ; Forum Economique Mondial, 2017).

Le plurilinguisme comme norme

De nombreux américains voient le monolinguisme, notamment le fait de ne parler que l'anglais, comme un *statu quo* ancien. Cependant, ceci n'est pas réellement le cas. Non seulement les Hommes dans le monde entier parlent souvent plus d'une langue, mais cela a en plus toujours été le cas à travers l'histoire. En réalité, il est estimé qu'entre 40 et 50% de la population mondiale parlent plus d'une langue et que, parmi eux, beaucoup sont plurilingues. Beaucoup considèrent l'anglais comme la *lingua franca* mondiale, mais la réalité est tout autre : seulement 25% de la population mondiale parlent l'anglais.

Cependant, relativement peu d'Américains parlent une autre langue que l'anglais, avec des estimations allant de 10 à 25%, une grande partie relève de l'immigration récente aux États-Unis, y compris leurs enfants et les autres membres de leurs familles. De plus, une minorité d'Américains étudie une langue étrangère ; moins de 20% des étudiants de la maternelle au lycée (American Councils, 2017) et seuls 7,5% des étudiants au niveau universitaire sont inscrits dans un cours de langue autre que l'anglais (MLA, 2018). Avec plus de 60 millions de personnes parlant une autre langue que l'anglais à la maison (Ryan, 2013) mais relativement peu de personnes parlant ou étudiant une langue, il existe un véritable paradoxe américain : une nation résolument monolingue mais qui a toujours été un peuple d'immigrants.

Alors qu'historiquement il y a toujours eu de nombreuses langues aux États-Unis, elles ont largement disparu des écoles et des organisations au cours du XXème siècle et celles des immigrés ont souvent été perdues dès la troisième génération. La plupart des enfants non-anglophones arrivant aux États-Unis perdent leur langue d'origine dès la seconde génération. Les grands-parents et les petits-enfants ne peuvent plus communiquer ensemble. Parfois, même les parents et les enfants ne peuvent pas communiquer correctement.

Ces parents étaient convaincus des nombreux avantages multigénérationnels de la préservation de leurs héritages respectifs, chargés des trésors de leur littérature, de leur culture et de leur histoire, et du maintien d'un sentiment de fierté et d'identité. Tous comprennent que le bilinguisme contribue à une société dynamique, riche et diversifiée. Plus que tout, ils comprennent que le plurilinguisme est une histoire de famille et une histoire de préservation de l'identité. C'est une histoire si puissante qu'elle dépasse le cadre de l'apprentissage linguistique. Dans la société actuelle, l'anglais a le pouvoir d'annihiler d'autres langues, des langues d'une grande valeur, qui transmettent des cultures, des histoires et des connaissances riches. Avec cette puissance linguistique dominante viennent les pressions de l'américanisation et de l'assimilation, qui sont souvent poussées à l'extrême et où les enfants découvrent par eux-mêmes le poids énorme de l'anglais dans notre environnement monolingue. En conséquence, leur langue maternelle leur apparaît souvent sous un jour négatif.

Afin d'éviter que les élèves ne cèdent à cette pression, nous devons leur enseigner ainsi qu'à leurs parents, écoles et communautés, qu'être bilingue est ce qu'il y a de mieux pour eux. Bien que l'apprentissage des langues soit un enjeu mondial, ce changement de paradigme commence localement, dans les quartiers, les écoles et les communautés. Le plurilinguisme est d'une grande valeur pour nous tous. Plus nous serons capables de communiquer avec les membres de notre communauté et ceux des autres, plus notre tissu social en sera renforcé. Si les autorités scolaires développent des orientations plus claires et soutiennent les mécanismes, les initiatives de ce type pourront opérer de façon plus efficace, maximisant leurs chances de succès. Les difficultés, l'endurance et la persévérance décrites ici montrent que notre système éducatif tout entier doit être remodelé. Les écoles doivent être capables de répondre à la demande croissante d'apprentissage des langues en adoptant la philosophie du plurilinguisme.

Dans un monde de plus en plus globalisé et interconnecté, les monolingues américains pourraient être désavantagés dans un environnement plurilingue, aussi bien sur le plan personnel que professionnel et en tant que citoyens du monde. De plus, notre société pourrait être moins divisée si nous avions une meilleure compréhension des autres langues et de notre propre héritage plurilingue.

Dans le contexte des États-Unis, le monolinguisme anglophone est un réel obstacle au développement de la société, qui ne profite pas de l'énorme ressource linguistique que ses citoyens représentent. Alors que le monde apprend l'anglais et devient plurilingue, les États-Unis prennent du retard. Il est impératif que nous puissions lire, écrire et communiquer dans plus d'une langue au sein même de ce pays. Si nous ne parvenons pas à abandonner ce sens d'autosuffisance, nos enfants pâtiront de ne pas avoir profité des bénéfices sociaux, personnels, professionnels et académiques du plurilinguisme

Connaître plusieurs langues et cultures peut donner aux Américains cet avantage. Des cohortes de lycéens et d'étudiants universitaires devraient entrer dans le monde du travail prêts à affronter un marché mondial. L'éducation multilingue a le potentiel de favoriser le respect et la tolérance, dans un contexte où la compréhension d'autres cultures est aujourd'hui essentielle. Quand les parents réclament ce type d'éducation, un changement de paradigme est déjà en marche. L'éducation linguistique continue de montrer des résultats incroyables mais son développement est ralenti par un manque de mobilisation nationale autour du plurilinguisme. Nous avons besoin d'un changement de paradigme pour favoriser la prévalence de l'éducation plurilingue dans ce pays et ailleurs pour le bien de tous.

Pendant les quinze dernières années, des communautés linguistiques dans de nombreuses villes aux États-Unis ont initié et développé des douzaines de filières bilingues dans plusieurs langues. De nombreuses transformations positives ont alors été constatées. Dans certains cas, cela a changé les modèles d'enseignement des langues en une solution désirée et viable pour toutes les familles, apportant de nombreux bénéfices à nos communautés scolaires aux États-Unis ou ailleurs dans le monde. Ces programmes sont devenus plus que des cours de langue classiques. Ils permettent aux enfants de mieux comprendre les cultures qui les entourent en leur offrant des échanges interculturels au sein même de l'école. Ces programmes renforcent et soutiennent notre patrimoine linguistique et promeuvent la valeur de la diversité culturelle dans toutes les sociétés du XXIème siècle. Dans le monde globalisé qui est le nôtre, il n'est plus possible de s'accrocher à l'idée qu'une langue unique est suffisante.

Une fois que le plurilinguisme deviendra la règle et non plus l'exception, il sera plus aisé de trouver des candidats qualifiés. En leur donnant le temps de se développer, les filières bilingues deviendront des programmes viables. De plus en plus de signes positifs nous montre que les Américains veulent maintenant étendre leurs horizons au-delà des limites de leur propre pays tout en reconnaissant la richesse et la diversité de leur culture actuelle. Parler plus d'une langue couramment devient progressivement la norme, notamment dans les grandes villes.

De plus, l'intérêt des parents pour le plurilinguisme s'accroît à mesure qu'ils découvrent ce que l'apprentissage précoce des langues peut offrir à leurs enfants. Les bénéfices cognitifs, académiques, sociaux, personnels et professionnels sont indéniables. Le plurilinguisme et l'alphabétisation multiple sont désormais perçus comme des atouts, non seulement pour leurs vertus culturelles, mais aussi pour leur habilité à produire des « citoyens du monde ». Cela ne fait aucun doute que l'éducation plurilingue devrait être accessible à chaque enfant aux États-Unis et dans le monde.

Dans notre époque de plus en plus interconnectée, fragile et avec des distances écourtées, les écoles du monde entier tentent de donner aux jeunes les compétences, l'habilité et les sensibilités qui leur permettront de devenir des adultes autonomes, engagés et productifs. L'enseignement et l'apprentissage des langues et le fameux « avantage bilingue » refont surface dans les écoles, petites et grandes, dans tous les États-Unis. Il est devenu évident que les parents et les enseignants cherchent à atteindre l'idéal d'enseigner et d'apprendre en deux langues.

Le déficit linguistique américain

Le déficit linguistique des États-Unis est un paradoxe d'autant plus évident lorsque l'on compare les compétences linguistiques des Américains avec celles des Européens, qui commencent à étudier régulièrement une ou plusieurs langues étrangères à un âge relativement plus précoce. Par ailleurs, plus de la moitié des adultes travaillant dans l'Union Européenne déclarent être capables de dialoguer dans une autre langue, souvent même dans deux autres ou plus.

Tandis que les compétences linguistiques des Européens sont déjà impressionnantes en elles-mêmes, elles le sont d'autant plus compte tenu du contexte dans lequel l'Union Européenne met en avant ses principales valeurs de plurilinguisme. En effet, la stratégie éducative européenne en matière linguistique se concentre sur l'objectif clairement exprimé et intégré par tous du « langue maternelle + deux ».

Le déficit linguistique américain a été le sujet de rapports de recherche, de séances parlementaires et d'initiatives de sécurité nationale. Elément révélateur, ce sujet a également fait partie du débat public depuis des décennies, depuis la publication en 1979 du rapport du Président de la Commission *Strength through Wisdom*, suivi par *The Tongue-Tied American* du Sénateur Paul Simon en 1980.

L'intérêt pour les compétences en langues étrangères s'est brièvement accru à mesure que les études internationales sont devenues des spécialités académiques populaires et que l'intérêt pour l'enseignement international s'est accru en réponse à la mondialisation. Paradoxalement, le pourcentage d'Américains étudiant d'autres langues, notamment au niveau universitaire, a continué à diminuer.

Les éducateurs en langues étrangères, soutenus par les parties prenantes des langues étrangères dans l'éducation internationale, dans les entreprises et au gouvernement, ne sont pas restés les bras croisés. De nombreux rapports de recherches et conférences sur le déficit linguistique américain ont clairement plaidé en faveur des langues étrangères, comme le rapport de 2003 de la NAFSA, *Securing America's Future: Global Education for a Global Age,* l'initiative décisive pour les langues, le rapport CED de 2006 *Educational and Global Leadership: The Importance of International Studies and Foreign Language,* le rapport de 2007 *International Education and Foreign Languages: Keys to Securing America's Future*, le rapport phare sur les langues de 2009 *What Business Needs*, la conférence de 2013 *Languages for All*, et les rapports les plus récents de 2017 : *America's Languages* d'AMACAD, *Not Lost in Translation* du New American Economy et l'enquête de l'American Council sur les inscriptions en langues étrangères de la maternelle au lycée ont clairement plaidé en faveur des langues étrangères.

Cependant, c'est le rapport MLA de 2007, *Foreign Languages and Higher Education: New Structures for a Changed World*, qui a apporté un guide pour les éducateurs dans l'enseignement supérieur, pour les défenseurs des langues étrangères et leurs soutiens à travers toutes les disciplines et pour les parties prenantes des langues étrangères dans le monde des affaires, au gouvernement et dans nos communautés. Ce rapport clairement rédigé et relativement bref est remarquable à la fois pour la force de ses idées et la clarté de son langage, accessible même aux non-spécialistes. Dans le contexte d'un monde globalisé, le rapport définit les compétences translinguistiques et transculturelles comme les buts à atteindre dans l'apprentissage des langues étrangères. Il poursuit en appelant à plus de collaborations interdisciplinaires, de programmes préprofessionnels et de partenariats entre écoles élémentaires et l'enseignement supérieur.

Cependant, alors que le rapport a fêté ses 10 ans en 2017, il est largement admis que son impact a été limité. Beaucoup d'éducateurs connaissaient le rapport et son appel à l'action mais relativement peu ont réellement mis en pratique ses préconisations dans leurs institutions.

En plus du rapport *Foreign Languages and Higher Education*, le MLA a publié les résultats de son *Enrollment Survey* (Enquête d'inscription), mis en place depuis 1960. Pendant cette période, le taux d'inscriptions des étudiants des universités américaines en langues étrangères est passée de 16% à 7,5%. Le rapport le plus récent confirme que cette diminution s'accroît encore aujourd'hui.

L'apprentissage des langues étrangères aux États-Unis se trouve à un croisement. En fait, notre « hostilité généralisée envers l'apprentissage sérieux des langues étrangères est devenue légendaire » (Stearns, 8). Si nous ne nous attaquons pas de façon efficace au déficit de langues étrangères américain, nos jeunes risquent d'être marginalisés et même laissés pour compte dans un monde globalisé, interconnecté et plurilingue.

Afin de répondre efficacement au déficit de langues étrangères américain, il est nécessaire de nous inspirer de notre passé et de notre présent afin de développer un cadre pérenne pour l'apprentissage des langues étrangères aux États-Unis. Un partenariat stratégique est essentiel entre les éducateurs, les parties prenantes des langues étrangères et le soutien du monde des affaires, du gouvernement et surtout au sein de nos communautés.

Tandis que l'objectif ultime de développer les compétences en langues étrangères dont nous avons besoin est partagé, leur apprentissage est l'exemple caractéristique d'une cause à la portée globale en manque d'une empreinte locale. Une langue étrangère est la compétence globale ultime, mais les raisons d'apprendre une autre langue sont propres à chacun et à la communauté. Le contexte communautaire ainsi que les ressources disponibles varient localement.

A la lumière du présent et du futur proche, la campagne pour les langues étrangères doit être guidée par un but partagé d'accessibilité de l'apprentissage des langues étrangères pour tous les apprenants intéressés. Une campagne réussie sera guidée par le meilleur de la théorie et de la pratique en matière de gestion du changement, d'innovation, du marketing stratégique social et engagé, du lobbying, et même de la stratégie de l'océan bleu et d'une approche conceptuelle. Cependant, c'est aussi une campagne de terrain avec des buts et objectifs locaux spécifiques ; chaque défenseur et soutien des langues étrangères a un rôle à jouer.

Cependant, il est aussi important d'observer notre passé pour comprendre l'importance immuable des parents, des familles et des communautés dans l'éducation en général et notamment en langue étrangère. Le fameux adage « il faut un village pour élever un enfant » prend tout son sens dans ce contexte. Les langues qui font partie de notre propre identité culturelle forment une part importante de notre tissu familial, de nos cercles d'amis et de nos communautés en général. En ce tournant dans l'apprentissage des langues étrangères aux États-Unis, il est plus important que jamais d'atteindre les parents et les communautés ainsi que de valoriser et de respecter leur engagement pour notre cause.

Alors que les gouvernements et départements d'éducation dans chaque État ont traditionnellement perçu négativement l'usage d'autres langues que l'anglais dans l'éducation des jeunes Américains, les familles de classe moyenne sont aujourd'hui engagées dans ce paradigme. Ce changement démarre à la base, par des parents qui reconnaissent la valeur du plurilinguisme comme élément de leur identité américaine. Cela est précisément ce qui rend ce changement de paradigme si bénéfique : cela nous rappelle que l'éducation plurilingue est une tradition américaine, bien qu'elle soit entourée de tensions, de controverses et de défis comme nous le montrerons plus tard.

Ce changement de paradigme suscite l'espoir de la résurgence d'une tradition d'éducation plurilingue nous rappelant que toutes les Américaines et tous les Américains (de différentes identités ethniques, classes sociales et pays d'origine) ont des pratiques linguistiques et culturelles multiples. Dans ce changement de paradigme, les parents américains dont l'héritage culturel des enfants est imprégné de mots arabes, chinois, anglais, français, japonais, italiens, allemands, polonais, russes et espagnols comprennent l'importance de ces pratiques. Selon eux, une éducation plurilingue n'est pas seulement un moyen de renouer avec le passé, mais aussi de reconnaître le présent plurilingue américain et de forger les possibilités d'un futur plus inclusif pour tous les enfants.

En plus du rôle du langage et des langues dans notre monde globalisé, nos propres communautés sont de plus en plus plurilingues et des opportunités se multiplient pour que nos enfants apprennent non seulement nos propres langues, mais aussi celles des autres pour favoriser la compréhension et l'harmonie dans notre société américaine. Il est maintenant temps d'agir.

Une évolution de la conception traditionnelle des langues étrangères

Idéalement, nous apprendrions des langues supplémentaires d'une façon qui ressemble au plus près à l'acquisition de sa langue maternelle, à travers l'apprentissage expérimental complété par celui en classe, dès la petite enfance. Malheureusement, ce n'est souvent pas la façon dont nous apprenons les langues supplémentaires. Elles sont souvent enseignées tardivement et au sein d'une salle de classe qui n'offre pas l'opportunité de développer des compétences linguistiques authentiques à travers de réelles expériences communicatives et culturelles.

La bonne nouvelle est que l'apprentissage en classe offre maintenant l'opportunité pour les apprenants de développer des compétences dans une seconde langue en utilisant des textes et des médias percutants, soit en personne, soit à travers des ressources en ligne. Les apprenants peuvent développer des compétences en langues étrangères par des outils adaptés à leurs niveaux, où l'usage concret de la langue permet aux apprenants d'appréhender des contenus au-dessus de leur niveau de compétences linguistiques. Par exemple, le *Teaching Proficiency through Reading and Storytelling* (TPRS) qui place le goût inné pour le récit au service du développement de compétences linguistiques. De manière innovante, le TPRS fait autant appel à l'immersion qu'à des méthodes d'enseignement plus traditionnelles.

De plus, la prolifération des médias en ligne, notamment la télévision, les films, l'actualité, etc., permet aux apprenants et passionnés d'accéder à du contenu dans la langue cible librement en ligne, à travers des abonnements comme Netflix, aujourd'hui connu pour sa quantité de contenus en langues étrangères mais également via des applications comme Duolingo.

Une fois que la décision de se lancer dans l'apprentissage est prise, l'apprenant doit choisir ce qui lui convient le mieux entre un apprentissage en classe ou par lui-même, et entre des textes ou du contenu en ligne. Il est aussi important de noter que ces choix ne sont pas exclusifs. Un apprenant en classe peut toujours améliorer son expérience par lui-même avec l'aide de contenus en ligne. De même, l'apprenant indépendant a de nombreuses ressources en ligne disponibles, comme des applications, mais peut à tout moment décider d'intégrer une classe, acheter un livre ou l'emprunter dans une bibliothèque. Les employeurs qui valorisent les compétences en langues étrangères pour des raisons commerciales ont la possibilité de financer leur apprentissage, soit à travers le remboursement des frais, soit en offrant des cours sur place.

La décision d'apprendre ou non une langue, quand commencer et comment s'y prendre est bien sûr très personnelle. De nombreux étudiants d'universités regrettent leur niveau de langue étrangère lors de leur départ en année de césure ou lorsqu'une opportunité professionnelle ou de volontariat international se présente. Cependant, les étudiants sont souvent confrontés au problème de gestion du temps entre les cours, le travail et d'autres obligations. Pour beaucoup, l'université n'est pas le moment propice pour commencer l'apprentissage d'une nouvelle langue, ce qui soulève la question de l'importance d'un apprentissage précoce. Ce dernier garantirait qu'à l'entrée à l'université, ils aient déjà acquis la maîtrise d'une ou plusieurs langues et seraient prêts à entreprendre une expérience de terrain et à partir en volontariat ; expériences qui leur seront utiles professionnellement et en tant que citoyens du monde.

Pour revenir à la question de l'apprentissage des langues à travers un cours ou indépendamment, la question du coût est récurrente. Les cours et les livres peuvent souvent être chers pour de nombreux étudiants, et le calcul du coût temps/opportunité de l'étude d'une langue plutôt que d'une autre matière peut les décourager. Ceci montre à nouveau l'importance d'un apprentissage précoce et continu des langues étrangères, que cela soit dans un cursus traditionnel ou en immersion, afin d'atteindre la maîtrise avant qu'ils ne soient confrontés à la vie d'adulte et aux obligations qui lui incombent.

Si un étudiant choisit un cours de langue étrangère, il a le choix entre un cours en ligne, en personne ou une formule hybride et ce à différents tarifs pour lesquels les communautés universitaires représentent les meilleures offres. Il existe aussi la possibilité d'étudier à travers une école de langue commerciale, qui se concentre généralement sur les compétences pratiques et de communication. Il est aussi possible de partir à l'étranger pour son cursus ou une courte période ce qui apporterait aussi un apprentissage culturel valorisant et valorisable par la suite.

L'un des défis de n'importe quel apprenant adulte de langue étrangère est de trouver le temps pour les devoirs universitaires, les révisions d'examens ou encore pour un apprentissage indépendant et personnel dans un emploi du temps déjà chargé. Il est important de se souvenir que même un temps restreint peut être suffisant pour progresser si celui-ci il est consacré à un apprentissage régulier. L'engagement le plus important dont l'apprenant peut faire preuve est véritablement celui de la régularité.

S'il choisit d'apprendre par lui-même, il est important de développer un plan d'étude personnel comportant des objectifs, des ressources et des échéances. Un professeur, un bibliothécaire ou un passionné de l'apprentissage des langues étrangères peut l'aider à concevoir ce planning personnel. Les facteurs à prendre en considération sont le budget, le temps disponible et les préférences de l'apprenant. Un programme équilibré pourrait être basé sur un livre d'étude, des médias et des applications, conjugués à des expériences personnelles d'apprentissage culturel qui dépendent des centres d'intérêts de chacun. Des badges et certificats en ligne, ainsi que des communautés locales ou des ressources socio-culturelles externes comme l'Alliance Française, Societa Dante Alighieri, etc., sont des options parmi tant d'autres.

L'apprentissage n'a jamais été autant accessible grâce à la prolifération de ressources culturelles et linguistiques authentiques sur internet ; mais il n'a aussi jamais été autant difficile à cause de la pression immense d'un environnement de travail mondialisé. Cependant, la bonne nouvelle est que n'importe qui peut apprendre une nouvelle langue, même avec un budget modeste et un temps limité.

Pour apprendre une ou plusieurs autres langues, les facteurs les plus importants sont la volonté et la motivation. Pour maintenir cet élan, nous devons faire prendre conscience aux étudiants et aux travailleurs des avantages que représentent les compétences en langues étrangères et les connaissances culturelles, à la fois pour la vie professionnelle et personnelle mais aussi pour nos expériences en tant que citoyens du monde.

Il est intéressant d'observer que l'une des raisons les plus citées par les Américains pour ne pas apprendre une nouvelle langue est le fait que cela ne soit pas utile, l'anglais étant la *lingua franca* mondiale. Cependant, le réseau mondial d'informations, d'éducation et de divertissement est plurilingue et les monolingues américains n'ont accès qu'à une infime partie de ce réseau mondial.

L'une des utilisations principales d'une langue est l'obtention d'informations et internet est souvent le premier endroit où chercher, et ce sur n'importe quel sujet, que cela soit personnel, professionnel ou éducatif. Cependant, toutes les informations ne sont pas trouvables facilement ou sont simplement introuvables en anglais. Alors que l'anglais est la langue la plus fréquemment utilisée sur internet, comptant pour 30% du contenu total, l'ensemble des 6 langues officielles de l'ONU font partie des 10 premières de ce classement.

Chacun de nous tend à utiliser internet et son contenu qui semble infini dans les langues que nous connaissons. Cependant ceux qui ne connaissent que l'anglais passent à côté de plus des trois quarts de ce qu'internet peut offrir. D'autre part, si l'on est locuteur d'une langue parlée par peu de personnes mais que ses locuteurs sont largement répandus à travers le monde, internet est un moyen merveilleux pour créer un sentiment communautaire.

Il est aussi important d'étudier les livres publiés dans leurs langues d'origine. Les États-Unis se classent premiers en termes de revenus, suivis par la Chine, l'Allemagne, le Royaume-Uni et la France, mais la Chine est première en termes de titres publiés, suivie par les États-Unis, le Royaume-Uni, la France et l'Allemagne. En ce qui concerne les journaux, l'Inde domine et son nombre de lecteurs d'imprimés ne fait que grandir.

De nombreux Américains pensent que la meilleure éducation ne peut se trouver qu'au sein des universités américaines où la langue d'instruction est l'anglais. Cela étant dit, alors que les universités américaines, britanniques et canadiennes dominent le classement, il y a aussi de nombreuses autres universités dans le classement mondial des 100 premières universités, comme en Chine, au Japon, en Corée du Sud, en France, en Allemagne et dans bien d'autres pays. Il y a de nombreuses opportunités académiques tout aussi merveilleuses pour les locuteurs d'autres langues.

Un autre usage des langues est l'accès au divertissement sous forme de films, à travers la littérature ou dans la presse audiovisuelle. En termes de longs-métrages, bien qu'ils soient produits dans de nombreux pays, la grande majorité est produite dans les 5 premières nations productrices, l'Inde en tête, suivie des États-Unis, de la Chine, du Japon et de la France.

Il y a près de 3 milliards d'utilisateurs de réseaux sociaux dans le monde, Instagram ayant le plus grand nombre d'abonnés et Facebook le plus grand nombre d'inscrits. En termes d'utilisateurs actifs, Facebook domine, suivi par YouTube, WhatsApp, Facebook Messenger, WeChat et Instagram. Cependant, ici encore les Américains monolingues peuvent manquer de nombreuses occasions de rejoindre ce dialogue mondial.

Les organisations internationales ont des politiques linguistiques spécifiques et des langues officielles qui dépendent de leurs missions et de leurs membres. Bien que la langue officielle puisse être l'anglais, les réunions, les membres, les enjeux et les initiatives peuvent être internationaux et l'Américain monolingue pourrait souvent se retrouver exclu d'importantes conversations liées à cette mission.

Il est nécessaire de développer un changement de paradigme dans notre façon conventionnelle de penser les langues. En particulier, sur le rôle unique et la place spéciale de l'espagnol et du français dans l'histoire et la société américaine. Il est pour cela essentiel d'utiliser la meilleure théorie et les meilleures pratiques en matière de gestion du changement, de science de la persuasion et du marketing social afin de reconnaître l'espagnol et le français comme des langues fondamentalement américaines. La stratégie de l'océan bleu permettrait de convaincre des publics et des communautés qui n'avaient jamais envisagé d'apprendre une nouvelle langue faisant pourtant partie de notre histoire et de notre patrimoine, et comptant par ailleurs parmi les compétences professionnelles à acquérir au XXIème siècle. Si les Américains veulent avoir un accès complet aux informations en ligne et imprimées, à l'éducation, au divertissement, aux réseaux sociaux et aux mobilisations mondiales, le plurilinguisme est une compétence mondiale essentielle.

Bien que l'anglais soit présent à travers le monde, les trois quarts de la population mondiale ne parlent pas l'anglais. Une large part des travaux dans le monde, allant de la communication professionnelle à la communication sociale, prend place dans une autre langue, rendant plus pressant que jamais pour les étudiants américains d'avoir l'opportunité d'étudier une ou plusieurs autres langues. Si les Américains veulent jouer un rôle dans la résolution d'enjeux mondiaux, nous devons parler les langues des autres et avoir de l'estime pour leurs cultures. Un système équitable donnerait cette opportunité à tous avec un accès universel par le biais des écoles publiques.

Chapitre 2
La défense des compétences en langues étrangères

Un atout peut être défini comme « un élément de valeur » ou « quelque chose d'utile » ; les compétences en langues étrangères rentrent facilement dans ces deux catégories (Merriam-Webster). Ces compétences sont des atouts personnels et culturels pour les individus en termes de capacité à mieux profiter de leurs voyages, de la littérature et de ceux avec qui ils entrent en contact pendant ces voyages et dans leurs communautés locales. Dit simplement, elles rendent la vie bien plus intéressante et ce de bien des façons. On estime que la moitié de la population mondiale est bilingue (Grosjean, 2010).

Les compétences en langues étrangères font la différence sur un CV (Vanides, 2016). Véritable atout pour les travailleurs, elles sont associées à un salaire plus élevé et une meilleure employabilité. Toutes choses égales par ailleurs, un employé parlant des langues étrangères a moins de chances d'être licencié qu'un collègue monolingue.

Les compétences en langues étrangères sont un atout pour faire des affaires et pour les employeurs, allant des plus petites entreprises avec des clients plurilingues aux plus grandes multinationales. Ces entreprises peuvent activement recruter de nouveaux employés parlant d'autres langues et pourvus de connaissances culturelles, garder un registre des langues parlées par leurs employés en cas de besoin, ou encore développer une stratégie ou une politique linguistique.

Le plurilinguisme est un atout pour les communautés à tous les niveaux, notamment les nations du monde dont beaucoup ont une ou plusieurs langues officielles. Le Canada, la Suisse, la Belgique ou le Luxembourg ne sont que quelques exemples. En

2017, Montréal a été nommée meilleure ville dans le monde pour les étudiants et l'une des raisons était l'opportunité d'obtenir un diplôme universitaire dans deux langues mondiales, le français et l'anglais. La mondialisation a induit des contacts entre les langues comme jamais on ne l'avait vu auparavant, New York ne comptant pas moins de 800 langues (Lubin, 2017) et Londres plus de 300 (BBC, 2014).

La révolution bilingue de New York comprend des programmes d'immersion bilingues dans une douzaine de langues dans ses écoles publiques, en plus de nombreux programmes de langues d'héritage. Aussi bien New York que San Francisco ont récemment accueilli des salons d'enseignement en deux langues.

Le plurilinguisme est une valeur clé et un atout pour de nombreuses organisations internationales comme les Nations Unies (ONU), l'Union Européenne (UE) et le Comité International Olympique (CIO). L'Union Européenne et les Nations Unies ont opté pour le plurilinguisme, des nations et organisations spécifiques ont adopté une ou plusieurs langues officielles et les sociétés multinationales ont parfois mis en place des stratégies linguistiques (Neeley & Kaplan, 2014).

En juillet 2017, dans ses commentaires sur le rapport biennal sur le plurilinguisme, le Secrétaire général des Nations Unies Guterres affirmait : « Je suis profondément attaché au plurilinguisme, une valeur clé des Nations Unies. »

L'Union Européenne a adopté le plurilinguisme comme valeur fondamentale et l'a encouragé, s'y référant souvent par l'expression « langue maternelle + deux » dans les écoles et à travers son programme Erasmus de mobilité académique pour les étudiants d'universités. Dans l'UE, plus de la moitié des adultes (54%) déclarent être capables de parler une deuxième langue, 25% parlent deux langues étrangères et 10% en parlent plus de deux (Eurobarometer, 2012).

Une fois que la décision d'apprendre est prise vient rapidement la question du choix. La réponse est alors aussi simple que complexe : cela dépend réellement des raisons de chacun, prenant en compte les motivations personnelles, la position géographique et les besoins professionnels. Par ailleurs, un facteur qui est souvent négligé est le rôle de la proximité des langues : apprendre une langue latine, germanique ou slave, rend plus facile l'acquisition d'une autre langue faisant partie de la même famille.

L'offre et la demande

L'importance des compétences en langue étrangère dans le monde du travail américain est en pleine expansion et la demande de travailleurs bilingues a plus que doublé ces cinq dernières années. Les six domaines les plus demandeurs sont ceux de la santé, l'hôtellerie et le service client, la finance, les autorités policières, l'éducation et les services sociaux (New American Economy, 2017).

Les entreprises internationales, l'import-export et les investissements étrangers donnent aussi de l'importance aux compétences en langues étrangères dans le monde du travail. Dans n'importe quelle entreprise ou organisation, il est toujours mieux de parler la langue du client, du consommateur ou de l'acheteur. Comme le dit cette citation attribuée à Willy Brandt, « Si je vous vends quelque chose, je parle votre langue. Si j'achète... *dann müssen Sie Deutsch sprechen* ! »

Environ 11 millions d'emplois américains dépendent des exportations et certains requièrent ou seront mieux pratiqués avec des compétences en langues étrangères (International Trade

Administration, 2017). En 2017, les premières destinations des exportations de produits et services américains étaient le Canada, le Mexique, la Chine, le Japon et le Royaume Uni, donnant au français, à l'espagnol, au chinois et au japonais une importance potentielle (US Census, 2018).

Les entreprises à capital étranger emploient sept millions de travailleurs américains et contribuent au PIB des États-Unis à hauteur de 900 millions de dollars, le New Jersey, la Caroline du Sud et le New Hampshire ayant le plus haut taux de main-d'œuvre employée par ces compagnies (Bialik, 2017).

Les universités américaines comptent plus d'un million d'étudiants internationaux, les premiers pays d'origine étant la Chine, l'Inde, la Corée du Sud, l'Arabie Saoudite et le Canada. Ceci rend les langues chinoise, indienne, coréenne, arabe et française utiles afin que les services et l'accueil de ces étudiants soient prodigués dans les meilleures conditions. Plus de 300 000 étudiants américains étudient à l'étranger, les premières destinations étant le Royaume-Uni, l'Italie, l'Espagne, la France et l'Allemagne. Ceci fait de l'apprentissage de l'italien, de l'espagnol, du français et de l'allemand une partie intégrante de la préparation au départ (Institute of International Education, 2017). L'impact économique des étudiants internationaux est estimé à une contribution de 36,9 milliards de dollars et plus de 450 000 emplois en dépendent (NAFSA, n.d.). Cependant, il existe toujours un manque généralisé de professeurs de langues étrangères aux États-Unis (US DOE, 2017).

En revanche, l'offre de travailleurs américains en possession des compétences linguistiques recherchées stagne et ces derniers décident rarement de se lancer dans la maîtrise d'une nouvelle langue. Par ailleurs, la valeur perçue de compétences en langues étrangères dans le monde du travail a aussi été étudiée au

Royaume-Uni, où seuls 34% des employeurs sont satisfaits du niveau en langues. Le français, l'allemand et l'espagnol sont les plus demandés (CBI, 2017).

Atout économique

Selon le Forum Économique Mondial, « les langues sont un élément essentiel de la compétitivité » (Chan, 2016). Les compétences en langues étrangères sont un atout économique à la fois pour la carrière de l'individu et pour les nations dans leur développement économique et leur sécurité. Certains choix de carrières requièrent la maîtrise d'une langue étrangère ou bénéficieraient d'une langue additionnelle. Il est aussi important de noter que d'autres compétences professionnelles incluent l'esprit critique, l'écoute active et même des compétences créatives qui sont souvent inhérentes au processus d'apprentissage des langues.

Dans une enquête auprès d'étudiants de master en commerce international sur l'avantage compétitif donné par les compétences en langues étrangères et les connaissances culturelles, les résultats étaient respectivement de 82% et 89% (Grosse, 2004). Une étude précédente avait conclu que les facteurs économiques et d'emplois jouent un grand rôle dans le choix de la langue étrangère (Grosse, 1998). Explorons trois des principales pistes professionnelles : le tourisme, les services linguistiques et l'enseignement.

Commençons par le plus évident, le tourisme. Ce secteur compte pour plus de 10% du PIB mondial (7,6 trillions de dollars) et 292 millions de travailleurs, c'est-à-dire un travail sur dix dans le monde entier (WTTC, 2017), dont beaucoup requièrent ou gagnent à la maîtrise d'une langue étrangère.

Attardons-nous ensuite sur les services linguistiques. L'industrie mondiale des langues est estimée à 40 milliards de dollars avec une croissance annuelle prévue de 6,5 à 7,5% et plus de 300 000 personnes travaillant en tant que traducteurs et interprètes. Fait révélateur, trois des cinq premières compagnies du secteur dans le monde sont basées sur le sol américain, créant localement de la demande en traducteurs, interprètes et experts. Aux États-Unis, il y a plus de 3 000 sociétés de services en langue et 50 000 personnes travaillent en tant que traducteurs ou interprètes (Gala-Global, 2018). Sur la période 2016 à 2026, la demande pour ces métiers devrait augmenter de 18%, soit « beaucoup plus rapidement que la moyenne » (Occupational Outlook Handbook, 2018). L'avenir de ce secteur s'annonce des plus radieux !

Enfin, les opportunités pour devenir professeur de langue dans l'enseignement supérieur devraient quant à elles également augmenter de manière significative, entre 10 et 14% (*Occupational Outlook Handbook*, 2018) afin de faire face au besoin de formation des travailleurs dans le domaine des langues étrangères.

Il est à noter que les six langues officielles de l'ONU se trouvent souvent en haut des classements linguistiques. Bloomberg a développé un classement des langues les plus utiles pour le commerce international : l'anglais, le mandarin et le français étaient en tête (English, 2011). Le Forum Économique Mondial a développé le classement du « Power Language Index » avec encore en tête l'anglais, le mandarin et le français et dont les six premiers sont les langues officielles des Nations Unies : l'arabe, le chinois, l'anglais, le français, le russe et l'espagnol.

Dans son rapport de 2017 *Not Lost in Translation: The Growing Demand for Foreign Language Skills in the Workplace*, Mc Munn affirme que la demande d'employés bi- ou plurilingues continue d'augmenter aux États-Unis et que les entreprises américaines perdent presque deux milliards de dollars chaque année à cause de ce manque de compétences linguistiques et de connaissances culturelles.

Un rapport précédent (Language Flagship, 2009) étudie l'importance des compétences en langues étrangères dans le développement de nouvelles entreprises et de leur continuité, ainsi que le risque de trop se reposer sur des traducteurs, des interprètes et des contractuels pour compenser le manque de compétences linguistiques et culturelles dans l'organisation. Décrivant le besoin d'interprètes et de traducteurs aux États-Unis, Kurtz (2013) confirme la demande croissante de professionnels de services linguistiques dans l'armée, l'autorité policière, le gouvernement et le secteur des entreprises.

Au sujet des compétences considérées comme les plus importantes pour Google, une étude sur cette compagnie (Meaghan, 2018) a confirmé que les compétences personnelles, notamment en communication et écoute, la capacité à comprendre différentes perspectives, l'empathie, l'esprit critique et la capacité à acquérir des connaissances, sont parmi les plus importantes. Il est intéressant de noter qu'elles sont souvent apprises dans une classe de langue étrangère. Dans une description des bénéfices du plurilinguisme dans le monde du travail, Kokemuller (2018) met en avant un meilleur salaire et davantage de flexibilité pour ceux parlant une langue étrangère.

Bien que ces compétences soient souvent associées à de plus hauts revenus, l'offre et la demande peuvent influer sur les bénéfices d'une langue particulière. Par exemple, Poppick (2014) cite une recherche confirmant la demande de l'allemand dans le monde du travail.

Cependant, la valeur des compétences en langues étrangères dans les affaires n'est pas un concept nouveau. Cornick & Roberts-Gassler (1991) recommandaient que les spécialisations en comptabilité et en commerce comprennent l'apprentissage d'une langue étrangère afin de préparer au commerce international et de permettre d'accéder à de plus nombreuses opportunités d'emploi. Conner (2014) confirme que le monolinguisme américain impacte négativement la croissance économique américaine, à cause d'opportunités manquées sur le marché mondial, tandis que le Royaume-Uni tente d'accroître les compétences en langues étrangères au sein de sa main-d'œuvre.

Perspectives par-delà les États-Unis

Cependant, un changement de paradigme dans l'approche de l'apprentissage des langues étrangères est nécessaire par-delà les États-Unis et plus largement dans le monde anglophone. Selon le groupe parlementaire non-partisan sur les langues étrangères, le Royaume-Uni perd environ 50 milliards de Livres Sterling chaque année en contrats non-conclus à cause du manque de compétences en langues étrangères (Jolin, 2014).

Une recherche sur les bénéfices et les coûts de la Stratégie Européenne Plurilingue a prouvé que l'apprentissage de langues étrangères, « Langue maternelle + deux », améliore la mobilité et l'inclusion (Parlement Européen, 2016).

Grin, Sfreddo et Vaillancourt (2010) ont étudié le plurilinguisme dans le monde du travail d'un point de vue économique. Ils ont conclu qu'au sein d'une société et d'un environnement de travail touchés par la mondialisation, les compétences linguistiques élargissent l'accès à des carrières plus enrichissantes.

Dans une étude sur les bénéfices du plurilinguisme au Québec (Vaillancourt & Lemay, 2007), la recherche a démontré qu'il profitait aussi bien aux anglophones qu'aux francophones. Elle a aussi souligné la part croissante de l'appropriation de l'économie québécoise par des entreprises francophones depuis l'adoption de l'Official Languages Act en 1969. Une récente étude de la littérature sur les bénéfices économiques du plurilinguisme au Canada confirme qu'il a non seulement apporté des avantages historiques mais aussi économiques et sociaux et qu'il fait partie des valeurs du Canada, apportant compétitivité et succès personnels, organisationnels, régionaux et nationaux (Canadian Heritage/Patrimoine canadien, 2016).

Parmi les compétences professionnelles incitant les investissements étrangers, Euronews compte les langues étrangères comme facteur inhérent au processus de prise de décisions. Dans son étude sur les raisons qui font des plurilingues les meilleurs employés, Hogan-Brun (2017) souligne que les compétences cognitives des bilingues sont aussi précieuses au travail, montrant l'importance de la diversité dans la résolution créative des problèmes.

Au sujet des résultats du projet Born Global de la British Academy, Murray (2014) décrit l'impact de l'économie mondiale sur le besoin de développer une main d'œuvre avec des compétences internationales et linguistiques devant être plus pratiques et professionnelles.

Une autre étude a été publiée sur la façon dont les barrières linguistiques et culturelles influencent le monde des affaires (Economist Intelligence Unit, 2012). Elle a montré que de nombreuses organisations cherchent à recruter des employés avec des compétences linguistiques, étant davantage conscientes de l'importance de faire des affaires au niveau international et mesurant la nécessité de ces compétences dans les coopérations transfrontalières. Cependant, beaucoup reste encore à accomplir. Dans une étude comparant les exportations des PME suédoises, françaises et allemandes, Bel Habib (2011) a trouvé une corrélation entre le succès des exportations et l'usage d'une variété de langues sur le marché.

L'étude ELAN (2007) a compté que 11% des PME exportatrices perdaient des parts de marché à cause de leur manque de compétences linguistiques et établissait un lien clair entre ces compétences et le succès du secteur d'exportation. Une étude sur les compétences linguistiques dans le secteur des entreprises en Irlande (Forfás, 2005) a analysé leur impact sur les investissements étrangers et l'employabilité dans un secteur à capitaux étrangers. Elle met en exergue la perte potentielle d'opportunités internationales pour les entreprises locales manquant de compétences en langues étrangères.

Dans sa recherche sur la valeur de l'apprentissage des langues étrangères, Schroedler (2018) étudie la relation entre le manque de compétences linguistiques de l'Irlande, la présence de nombreuses firmes multinationales (FMN) sur le territoire et la poursuite active du pays vers les investissements étrangers. En décrivant l'importance des langues comme atout professionnel, Hazelhurst (2010) confirme que l'Allemagne et la France/Belgique sont parmi les partenaires commerciaux les plus importants pour le Royaume-Uni, rendant la maîtrise du français ou de l'allemand inestimable dans le milieu professionnel.

Dans une étude sur les bénéfices liés aux compétences linguistiques en Turquie, Di Paolo & Tansel (2014) les étudient sous l'angle des ressources humaines et la mesure dans laquelle elles sont récompensées au travail. Ils ont trouvé des différences entre les langues, les professions et les niveaux de maîtrise.

Williams (2011) analyse l'usage des langues sur le lieu de travail dans plusieurs pays européens et a trouvé des taux de rendement équivalents à ceux du secteur du tourisme dans les pays respectifs. La seule exception était le Royaume-Uni, où les revenus n'étaient pas impactés par l'usage de langues additionnelles sur le lieu de travail.

En conclusion, il n'est pas surprenant que le gouvernement indien ait promu activement l'ajout de l'hindi aux langues officielles des Nations Unies. Il serait prêt à dépenser « jusqu'à quatre milliards de roupies ($63 millions) » pour atteindre ce but. Au-delà de la valeur économique, les compétences en langues étrangères sont étroitement liées au rôle d'influence et au « soft power » qu'elles permettent .

Le business des langues

Aux États-Unis, les compétences linguistiques et culturelles offrent des voies vers de nombreuses carrières dans l'éducation, l'administration gouvernementale, le commerce, les institutions culturelles et les relations internationales. De plus, les compétences en langues étrangères ont généralement été associées à un revenu plus élevé.

Il est extrêmement important que nous développions et maintenions un accès équitable à l'éducation en langues étrangères et au développement de compétences bilingues. Si les enfants ne sont pas capables d'acquérir des compétences linguistiques dans nos écoles publiques, alors beaucoup ne seront pas capables de profiter de ces opportunités pour des raisons financières, créant potentiellement des « dotés » et des « non-dotés » en termes d'apprentissage des langues, de plurilinguisme et de connaissances culturelles.

La taille du secteur des services linguistiques et celle du secteur d'apprentissage des langues ne font que confirmer la valeur donnée aux compétences linguistiques dans le monde. Le secteur des services linguistiques s'évalue à $45 milliards dans le monde, emploie plus de 55 000 personnes seulement aux États-Unis et trois des cinq premières entreprises de services linguistiques dans le monde se situent aux États-Unis. La « localisation » et la traduction font partie des industries dont les croissances sont les plus rapides dans ce pays. L'industrie des langues est l'un des meilleurs secteurs pour démarrer une entreprise. De plus, comme évoqué précédemment, l'employabilité des traducteurs et interprètes aux États-Unis ne fera qu'augmenter dans les dix prochaines années. Les compétences linguistiques et culturelles font aussi partie des talents globaux, une étude récente révélant que les employeurs favorisent les candidats plurilingues.

Le secteur de l'apprentissage des langues est aussi considérable, avec Rosetta Stone générant $185 milliards de revenus en 2017 et Berlitz ayant un revenu estimé à $468 millions sur la même période. L'estimation de Duolingo s'élève à $700 millions. Au total, le revenu de l'apprentissage des langues en ligne est estimé à $4 milliards.

La marchandisation de l'apprentissage des langues

Si nos écoles publiques n'apportent pas ni ne soutiennent l'apprentissage des langues et les compétences bilingues, les parents et apprenants qui veulent le plurilinguisme pour leurs communautés devront chercher d'autres alternatives. Cependant, que l'apprenant participe à des classes traditionnelles ou en ligne à travers une école commerciale ou qu'il prenne part à un programme ou une application en ligne, cela représente en général un coût financier, ce qui ne serait pas le cas si ces compétences essentielles étaient offertes par les écoles publiques.

Il a été estimé que pour qu'un anglophone apprenne le chinois, la langue la plus coûteuse en temps et financièrement, l'investissement serait de £66 035 ($87 220). De plus, le marché en ligne d'apprentissage des langues devrait accroître de 19% entre 2017 et 2021 et les entreprises en ligne comme Rosetta Stone sont en compétition avec des applications comme Duolingo, mais aussi avec des organisations comme Berlitz. En plus d'être un élément de notre système d'éducation, l'apprentissage des langues est aussi un énorme business mondial.

Il est aussi important de se souvenir que de nombreuses écoles de langues commerciales ne mettent pas l'accent sur le bagage culturel associé à la langue, mais plutôt sur des compétences purement linguistiques et de communication. Dans ce cas, même si l'apprenant a les moyens financiers de payer des cours, ils n'incluront probablement pas l'élément culturel. Ces apprenants risquent d'être privés des connaissances culturelles associées à la langue cible et qui peuvent rendre cet apprentissage plus valorisant, à la fois personnellement et professionnellement. Cela n'est en revanche pas le cas de l'enseignement dans les écoles publiques et les universités.

Ainsi, nous avons d'un côté un revenu et une employabilité plus élevés pour les détenteurs de compétences linguistiques et de l'autre des coûts considérables imposés aux personnes forcées d'apprendre une ou plusieurs langues dans le secteur commercial. Ces deux aspects témoignent à eux seuls de tout l'intérêt, aussi bien pour les individus que pour le marché du travail, d'une l'éducation en langue dès le plus jeune âge au sein des programmes scolaires.

Langues, influence et s*oft power*

Il est possible de voyager à travers le monde et de voir des signes visibles que la culture américaine et sa langue, l'anglais, sont presque partout. Cependant, il est plus difficile de déterminer si le fait de voir un film américain dans un cinéma, entendre une chanson américaine, ou voir un jeune local porter un t-shirt ou une casquette de baseball d'une équipe de sport américaine montrent une réelle compréhension ou estime pour la culture des États-Unis. Récemment, l'usage de l'anglais par le Président français Emmanuel Macron au cours de différents événements publics a suscité aussi bien des éloges que des critiques.

La langue est bien plus qu'une panoplie de règles de grammaire et de listes de vocabulaire ; elle fait partie de notre identité personnelle et culturelle. Tout comme les individus sont en compétition sur le marché mondial, les nations et leurs langues rivalisent en termes de prestige et d'influence.

Partout dans le monde, les gens prennent la décision d'investir ou non le temps, l'effort et l'argent pour apprendre une autre langue, et si oui laquelle choisir et comment. Aujourd'hui, l'anglais et le français ont le plus grand nombre d'apprenants dans le monde. En comparant les langues en termes d'influence, Bloomberg a trouvé que l'anglais, le mandarin chinois et le français sont les langues les plus utilisées dans le commerce international. De la même façon, le Forum Économique Mondial a conclu que ces trois mêmes langues dans le même ordre sont les plus puissantes, ajoutant qu'elles font aussi partie des langues officielles des Nations Unies.

Les Nations Unies et les entités soutenues par le gouvernement travaillent aussi à la promotion de langues spécifiques. Par exemple, les Nations Unies promeuvent l'étude de ses six langues officielles, tout comme l'Alliance Française, Societa Dante Alighieri, Instituto Cervantes, Goethe Institut, Instituto Camoens, et le British Council cherchent à promouvoir le français, l'italien, l'espagnol, l'allemand, le portugais et l'anglais respectivement. Plusieurs programmes gouvernementaux américains promeuvent activement l'anglais, notamment le Département d'Éducation et des Affaires Culturelles, dont le sous-titre est « promouvoir la compréhension mutuelle ».

English First classe les pays et les régions selon leurs compétences en anglais, avec les Pays-Bas, la Suède et le Danemark dans les trois meilleurs et le Panama, Singapour et l'Arabie Saoudite ayant l'amélioration la plus significative. De plus, les regroupements mondiaux d'innovation sont associés à la flexibilité culturelle et aux compétences linguistiques. Cependant, l'importance du soft power réside dans le fait que des gens du monde entier s'intéressent à une autre culture et à sa langue et désirent même étudier, travailler ou s'installer dans son pays d'origine.

Aujourd'hui, la France est le leader mondial en termes de soft power, exerçant de l'influence à travers le monde et au-delà de ses frontières géographiques et de sa population, tout comme d'autres langues l'ont fait auparavant comme le latin, l'espagnol, etc.

Cependant, il est important d'étudier les facteurs en jeu dans l'acquisition et le maintien de ce soft power et de son influence. Alors que les apprenants en langue n'adhèrent pas forcément à la politique et aux enjeux sociaux de la culture cible, un intérêt ou même une affection pour l'histoire, la culture ou les valeurs, etc. de cette culture peuvent être des éléments importants de ce processus ; par exemple, l'influence des cultures et langues françaises et italiennes au-delà de leurs frontières géographiques. Il est intéressant de remarquer que le site internet de l'Organisation Internationale de la Francophonie cite à la fois le français et des valeurs humanistes communes comme fondements organisationnels.

C'est un défi pour toutes les cultures et les États-nations, mais aussi pour leurs langues qui pourraient chercher à avoir un rôle international et une prééminence mondiale. Alors que les partisans d'une certaine culture et sa langue ne soutiendront pas nécessairement toutes ses péripéties politiques sur la scène internationale, les valeurs de la culture cible exprimées dans la littérature, les arts, les médias, les valeurs sociales et le mode de vie, mais aussi dans son approche vis-à-vis d'enjeux contemporains complexes, sont importants pour construire et maintenir un soutien mondial et une adhésion de diverses cultures.

Ainsi, en plus de soutenir de façon proactive l'apprentissage de la langue et de la culture au-delà des frontières nationales, il est important pour les nations désireuses d'étendre leur influence culturelle, linguistique et générale par-delà leurs territoires d'être attentives à la façon dont leur nation, ainsi que sa langue et sa culture, se présentent aux admirateurs potentiels proches et lointains.

Aussi bien localement que mondialement, l'influence réelle (l'aptitude à persuader les autres d'adopter sa propre perspective) est bien plus subtile et complexe que cela ne puisse d'abord paraître. L'anglais est souvent décrit comme la *lingua franca* mondiale et est une langue puissante et d'influence, mais d'autres langues restent désirables et utiles en termes d'attraction de la culture cible et son influence.

Les États-nations désireux de construire, étendre et maintenir leur influence et leur soft power doivent concevoir leur campagne, non seulement sur la psychologie d'influence et le pouvoir de la persuasion, mais aussi sur la maximisation de tout ce qu'il y a de mieux dans leur patrimoine culturel et leurs valeurs, afin d'atteindre une nouvelle génération.

Le plurilinguisme en tant que bien public

En plus de son rôle dans le capital humain, le plurilinguisme est un bien public qui peut non seulement favoriser la bonne volonté parmi de nombreux segments de la société, mais aussi l'engagement global et la citoyenneté mondiale. Ainsi, l'éducation en langue étrangère entre aisément dans le programme des écoles publiques tout comme d'autres sujets liés au bien public. L'industrie mondiale d'apprentissage des langues étrangères, dont l'anglais est la langue étudiée la plus populaire au monde, offre un aperçu de la situation dans laquelle pourraient se retrouver des Américains qui, réalisant le besoin de compétences linguistiques, devraient payer un coût financier considérable pour les acquérir.

Chapitre 3
Les bénéfices sociétaux du plurilinguisme

Les compétences linguistiques et les connaissances culturelles apportent des bénéfices personnels, sous formes d'avantages cognitifs, culturels et professionnels. Le plurilinguisme joue aussi un rôle important dans la citoyenneté mondiale. De plus, la diversité, notamment linguistique, bénéficie aux organisations, aux communautés, aux villes et même aux pays. Les Nations Unies considèrent le plurilinguisme comme bénéfique pour la communauté mondiale. Il est au centre des valeurs de l'Union Européenne.

Le plurilinguisme joue aussi un rôle significatif dans l'innovation et beaucoup des pays, régions et villes les plus prospères sont linguistiquement diverses. Tandis que cet impact a été accentué par la mondialisation, il existe des exemples du pouvoir de la diversité linguistique à travers l'histoire.

La relation entre diversité, créativité et innovation

Les lieux connus pour l'innovation sont aussi des lieux qui attirent la créativité et d'autres innovations de toutes parts, réunissant différentes façons de percevoir et de faire, et favorisant une pensée divergente non-linéaire caractéristique de la créativité. Le résultat de ces interactions entre communautés et environnements de travail forme une synergie qui enrichit la créativité du groupe.

Tout comme le travail d'équipe repose sur l'apport de plus d'une personne pour régler un problème, une équipe diversifiée peut développer des solutions basées non seulement sur la perspective de plusieurs personnes, mais aussi celle de membres qui peuvent voir le monde et le problème en jeu à travers le prisme de langues et de cultures différentes.

La Suisse plurilingue était première dans l'Indice de compétitivité mondiale de 2017-2018, suivie des États-Unis. Les dix autres premiers sont Singapour, les Pays-Bas, l'Allemagne, Hong Kong, la Suède, le Royaume-Uni, le Japon et la Finlande. Il serait trop facile de considérer que le plurilinguisme de la Suisse et de Singapour n'influe pas sur leur compétitivité mondiale ; la réelle importance du plurilinguisme est sous-jacente.

Aux États-Unis par exemple, plus de 60 millions de personnes parlent une autre langue que l'anglais à la maison. La Suède, Singapour, l'Allemagne et la Finlande sont dans les dix meilleurs des classements *English First Proficiency Rankings*. Au Royaume-Uni, plus de 4 millions de personnes parlent une autre langue à la maison. L'anglais et le chinois sont toutes les deux des langues officielles de Hong Kong et de Singapour. Le Japon serait la seule exception en termes de plurilinguisme et de compétitivité mondiale. En ce qui concerne les économies les plus innovantes, la Suisse et les États-Unis étaient de nouveau en haut du classement, suivis d'Israël, la Finlande, l'Allemagne, les Pays-Bas, la Suède, le Japon, Singapour et le Danemark. Bien qu'il soit intéressant de noter que les mêmes pays apparaissent souvent dans la liste, les nouveaux venus comme Israël et le Danemark ont de fortes compétences linguistiques. Les 7 premières villes mondiales sont Londres, New York, Paris, Hong Kong, Tokyo, Singapour et Séoul ; les seules exceptions en termes de plurilinguisme sont ces deux dernières villes.

Tandis que des équipes diversifiées avec une pensée originale sont cruciales à la compétitivité globale et à l'innovation, l'un des défis est de maximiser les avantages de cette diversité tout en minimisant ses désavantages potentiels à travers le développement d'un environnement de confiance et d'acceptation de points de vue divergents.

Développer le kit des compétences globales

Tout comme l'innovation et la créativité n'ont jamais été aussi nécessaires qu'aujourd'hui pour répondre de façon efficace à des enjeux mondiaux complexes, la mondialisation et la mobilité mondiale croissante ont rendu relativement plus simple le fait de réunir des perspectives diverses dans n'importe quelles communautés de voisinage, grande ou petite, spécialement dans les villes mondiales qui sont des aimants financiers et sociaux pour des personnes venues du monde entier.

Alors qu'il est impossible de prédire et de garantir la créativité et l'innovation, il est tout à fait possible de développer des types de communautés et d'organisations où les interactions de différents penseurs peuvent induire un effet de synergie à l'origine de l'innovation et de la créativité recherchées. Il est possible de favoriser le développement de compétences linguistiques et de connaissances culturelles en encourageant tout le monde, y compris les enfants à l'école et les employés sur leurs lieux de travail, à développer leur habilité à observer un problème à travers différentes perspectives ou différentes visions culturelles et linguistiques. Ce faisant, nous encourageons la pensée divergente et non-linéaire et facilitons le dialogue entre personnes de milieux différents, avec d'autres visions du monde et qui pourraient apporter l'élément décisif pour trouver une meilleure solution ou un moyen de progresser.

En effet, si nous voulons que nos enfants aient toutes les chances d'être plus aptes à analyser des enjeux et des problèmes non seulement de façon critique mais aussi par des perspectives multiples, l'endroit par lequel nous devons commencer est nos écoles publiques locales où l'éducation en langue étrangère est nécessaire dès le plus jeune âge. Au sein d'un environnement scolaire semblable à notre société de plus en plus diversifiée, il est possible d'élargir les horizons de nos enfants en les préparant à mieux répondre aux défis d'aujourd'hui et de demain.

La mobilité mondiale est exponentielle. Les professionnels créatifs et les étudiants internationaux choisissent ces communautés et les organisations les plus attractives pour eux, où ils pourront s'épanouir et exprimer tout leur potentiel.

Afin que nos communautés et nos villes deviennent les plus attractives au monde et afin d'offrir le meilleur futur à nos familles et à nos communautés locales, il est nécessaire de se concentrer sur la mondialisation de nos villes et de nos localités. Nous devons commencer dès le plus jeune âge en inculquant à nos enfants les valeurs et les compétences d'un citoyen et d'un travailleur mondial au sein de nos écoles publiques.

Cela signifie enseigner à nos enfants d'autres langues et cultures et les doter du plurilinguisme afin de maximiser leur potentiel dans un monde et un lieu de travail globalisés.

Cela signifie aussi travailler ensemble par-delà des murs de la salle de classe pour renforcer l'engagement de nos communautés à développer une atmosphère d'hospitalité, de confiance et de compréhension. Il faut aller au-delà en développant l'environnement social et culturel et le mode de vie qui n'attirera pas seulement les talents mobiles au niveau international, mais aussi nos propres enfants qui sont le cœur de notre ville mondiale, aujourd'hui et demain.

Les gens ont toujours appris des langues étrangères et le cours naturel des choses est souvent de les apprendre en vivant dans un lieu où leur langue maternelle n'est pas la langue locale prédominante. D'une certaine manière, ils sont en « immersion » dans la langue cible, l'entendant et la voyant tout autour d'eux.

L'éducation en immersion est une reproduction de cette façon naturelle d'apprendre une langue dans une classe ou une école, et est généralement considérée comme la méthode la plus à même de mener à un apprentissage réussi. Des recherches ont montré que l'activité du cerveau des apprenants en immersion copie de façon très proche celui du locuteur natif de la langue cible.

L'apprentissage linguistique en immersion existe dans de nombreux pays à travers le monde et est parfois assimilé à de l'éducation plurilingue ou de l'éducation en deux langues, cette dernière étant plus fréquemment appliquée aux États-Unis. Ils existaient en 2011 448 programmes en immersion dans le pays, le plus grand nombre étant dans l'Utah. L'espagnol, le français et le mandarin chinois sont les langues d'instruction les plus fréquentes et comptent respectivement pour 42%, 22% et 13% des programmes.

Les programmes d'immersion varient et il y en a différents types. Les programmes diffèrent selon l'âge auquel les enfants commencent le programme, le temps d'enseignement passé sur chaque langue et le nombre de niveaux dans lesquels l'immersion est offerte. Les programmes peuvent aussi être catégorisés selon qu'ils offrent une immersion totale, partielle ou à double-sens, autrement dit l'immersion en deux langues. Ils peuvent aussi être décrits comme des immersions précoces, intermédiaires ou tardives selon l'âge et le niveau scolaire auxquels l'immersion commence.

Les raisons de l'implémentation des programmes d'immersion comprennent le besoin de compétences bilingues à la fois sur le lieu de travail mondialisé et dans notre société plurilingue. Comme les apprenants en immersion tendent à avoir de meilleurs résultats académiques, les programmes d'immersion peuvent être un moyen de favoriser leur réussite dans ce domaine. De plus, une langue partagée et des compétences culturelles peuvent resserrer une communauté, une ville ou une nation.

Des exemples de programmes d'immersion

Les Concordia Language Villages et Middlebury College sont des programmes connus aux États-Unis. Les Concordia Language Villages, un programme du Concordia College, existent depuis 1961 et comptent de nombreuses expériences d'immersion linguistique de jeunes, d'adultes et de familles. Middlebury College, reconnu dans le domaine de l'immersion depuis plus de 100 ans, offre aussi des programmes d'été pour lycéens.

Il y a des programmes d'immersion disponibles à titre privé ou à travers des écoles publiques. Cependant, les programmes des écoles publiques sont accessibles à tous. Les exemples suivants offrent une vue d'ensemble des programmes qui existent dans les écoles publiques américaines. A New York par exemple, il y a environ 180 programmes offerts dans neuf langues (maintenant douze). Dans l'Utah et à Portland, Oregon, environ 10% des élèves d'écoles élémentaires ont un programme en deux langues, et la Caroline du Nord et le Delaware font partie des États qui cherchent à accroître leur nombre de programmes de ce type. De nombreux programmes DLI, *Dual-Language Immersion* ou d'immersion en deux langues, existent dans les écoles publiques de Géorgie, notamment au collège et au lycée à travers l'Initiative DLI de Géorgie offrant des programmes en espagnol, français, chinois, allemand et japonais. En Louisiane, le COFODIL, le Conseil pour le Développement du Français en Louisiane, a 26 écoles d'immersion dans huit paroisses et plus de 100 000 élèves étudient le français.

L'Utah a le troisième plus grand nombre de programmes DLI aux États-Unis avec environ 140 écoles bénéficiant à 34 000 élèves en 2017. Aussi étrange que cela puisse paraître, les programmes DLI en Utah, un État pourtant isolé géographiquement des principaux centres économiques, sont en augmentation malgré une population qui n'est pas ethniquement et linguistiquement très diversifiée. L'immersion en langue étrangère est pensée, soutenue et implémentée à travers la perspective de données politiques qui ont identifié les besoins linguistiques de l'État et ses potentialités commerciales, administratives et éducatives. En 2008, le Sénat de l'Utah a adopté l'International Education Initiative, qui alloue des financements aux écoles pour ouvrir des filières bilingues en chinois, français et espagnol. L'allemand et le portugais ont été ajoutés plus tard tandis que l'arabe et le russe sont prévus pour les prochaines années.

L'initiative plurilingue de l'Utah suit un modèle d'immersion partielle où les étudiants reçoivent la moitié de l'enseignement dans la langue cible et l'autre moitié en anglais. Chaque classe a deux professeurs ; l'un enseigne seulement dans la langue cible la moitié de la journée et l'autre enseigne en anglais le reste du temps. La plupart des cours commencent dans les écoles maternelles, qui sont très peu nombreuses. Une fois au lycée, la plupart des jeunes s'inscrivent dans un cours de langue avancé et passent les examens *AP World Languages and Cultures* pendant leur troisième année. Pendant les années du lycée et à travers un système d'apprentissage hybride, ils peuvent prendre des cours offerts par six des meilleures universités de l'Utah. Les lycéens sont aussi encouragés à apprendre une troisième langue. Ces différentes voies représentent une étape importante dans l'évolution de l'éducation linguistique aux États-Unis.

Fairfax County, Virginie, offre aussi bien des programmes d'immersion monolingues en deux langues dans ses écoles primaires. Les écoles publiques de Princeton, New Jersey, offrent un programme en espagnol sur le modèle DLI 50/50 de la maternelle au CM2. Minnetonka offre un exemple de lycée en immersion, donnant le Sceau de la Bilatéralité et le Baccalauréat International en plus de l'AP and Beyond et d'autres options d'immersion facultatives.

Un récent rapport sur les écoles publiques de Portland montre que les élèves de DLI surpassaient leurs pairs en non-immersion dans les tests de lecture et que les apprenants de la langue anglaise étaient nombreux à atteindre la maîtrise de l'anglais. Les bénéfices cités par la Georgia DLI Initiative, qui fait partie des World Languages and Global/Workforce Initiatives, comprennent des compétences cognitives et de langue étrangère, une meilleure performance aux tests standardisés, des compétences interculturelles, des bénéfices à plus long terme dans le monde du travail, une plus grande présence en classe et un moindre taux de décrochage scolaire que les élèves dans les programmes classiques.

Les défis des programmes d'immersion

Les défis comprennent l'implémentation de nouveaux programmes, leurs formes et leurs structures, le curriculum, le matériel scolaire et le manque de professeurs qualifiés. Les programmes d'immersion peuvent aussi ne pas avoir les ressources nécessaires. De plus, les étudiants peuvent avoir différents niveaux de maîtrise linguistique, aussi bien dans la langue 1 que dans la langue 2. La terminologie et l'évaluation varient d'un État à l'autre, rendant plus difficiles les comparaisons et la détermination des politiques et pratiques les plus efficaces.

Un manque de professeurs d'immersion qualifiés est partiellement dû au déclin des spécialisations en langues étrangères dans les dernières décennies, mais cela est également partiellement dû à la popularité grandissante des programmes d'immersion qui doivent chercher leurs professeurs à l'étranger. Tandis que cela peut aider, un manque de professeurs locaux qualifiés disponibles rend plus difficile le fait d'établir un programme d'immersion pérenne. Par ailleurs, davantage de formations de professeurs spécifiquement conçues pour l'immersion sont nécessaires.

Au sujet des compétences linguistiques dans la deuxième langue, elles tendent à accroître plus lentement dans les niveaux les plus avancés, les étudiants étant plus prônes à utiliser l'anglais plutôt que la langue d'immersion et les anglophones ayant tendance à ne plus progresser au-delà du niveau intermédiaire dans leur seconde langue.

Le manque de programmes au-delà de l'école primaire est la conséquence du manque de professeurs formés au niveau lycée et capables d'enseigner dans une seconde langue, ainsi que du manque de programmes pédagogiques et de matériels scolaires dans la langue cible. L'insuffisance de ces ressources rend difficile le développement de la maîtrise linguistique au niveau professionnel et des compétences préprofessionnelles dans la langue cible. Plus de collaborations à travers la scolarité des élèves sont nécessaires afin de garantir la maximisation du plurilinguisme sur le lieu de travail à travers des voies de carrières interdisciplinaires.

L'immersion marche

Les programmes d'immersion sont de plus en plus populaires car ils fonctionnent. Non seulement ils apportent de meilleures compétences dans une seconde langue, mais aussi des compétences culturelles. Elles offrent des avantages non négligeables dans le monde du travail, ainsi qu'aux niveaux personnel, cognitif et social.

Ils offrent aussi des opportunités, notamment à travers nos programmes d'écoles publiques lorsque des étudiants en immersion atteignent de meilleurs résultats académiques généraux. Les bénéfices comprennent de plus grandes compétences bilingues parmi les anglophones, ainsi que des opportunités pour les locuteurs d'une autre langue d'améliorer leurs compétences en anglais. Pour cette raison, l'accès équitable aux programmes d'immersion est essentiel.

Tandis que l'immersion croît en popularité comme le reflète le développement de nouveaux programmes plus étendus, il est important de se concentrer sur le développement de programmes d'immersion pérennes. Cela ne peut se faire qu'à travers l'accroissement des formations de professeurs, le développement de matériels et de programmes qui s'étendent de la maternelle au lycée, ainsi que l'apprentissage des meilleures pratiques.

Plus important encore, l'accent sur les compétences et connaissances culturelles qui accompagnent la langue peut mener à une société plus harmonieuse et à de meilleures opportunités pour tous.

Chapitre 4
Combler le déficit linguistique des États-Unis

Relativement peu d'Américains parlent une deuxième langue, majoritairement apprise et parlée à la maison. Cependant même dans ce cas, différents enjeux majeurs s'imposent aux éducateurs et défenseurs, notamment le soutien aux apprenants de leur langue d'origine, le développement de leurs compétences, l'incitation des anglophones à entamer un apprentissage continu d'une langue étrangère jusqu'à sa maîtrise, ainsi que le développement des compétences en anglais des locuteurs non-natifs.

Près de 11 millions d'élèves d'écoles publiques, de la maternelle au lycée, apprennent une langue étrangère et près d'un million et demi d'étudiants au niveau universitaire sont inscrits dans un cours de langue autre que l'anglais (American Council, 2017 ; MLA, 2018). L'apprentissage d'une langue étrangère peut prendre place dans une classe, en ligne ou dans un environnement hybride ou mixte. L'apprentissage en classe peut aussi bien se faire en environnement traditionnel ou en immersion.

Bien qu'aux États-Unis, beaucoup parlent une autre langue et que de nombreux étudiants apprennent une langue étrangère, il reste beaucoup de marge pour étendre l'apprentissage des langues, même dans le cas où seule une petite partie des descendants d'immigrés voudraient apprendre leur langue d'origine. L'accès à l'offre et les coûts de temps, d'opportunité et financiers représentent autant de barrières à cet apprentissage.

Outre l'importance de la langue dans notre identité culturelle, personnelle et communautaire et l'avantage professionnel qu'elle représente, les compétences linguistiques jouent un rôle dans notre capacité à interagir avec l'autre dans un monde globalisé. Sans compétences en langue, les Américains ont souvent un désavantage relatif lorsqu'ils travaillent dans des équipes ou groupes transnationaux, où d'autres participants sont susceptibles d'être capables de comprendre et de parler plusieurs langues.

Même en tant qu'étudiants, la décision d'étudier ou non à l'étranger est souvent limitée par leur manque de compétences en langues. Tandis que plus d'un million d'étudiants internationaux du monde entier fréquentent les universités américaines, seuls 300 000 étudiants américains étudient à l'étranger et plus de 10% d'entre eux, soit 39 000, choisissent le Royaume-Uni où l'on parle l'anglais.

Le langage est ce qui fait de nous des êtres humains

Le langage est généralement considéré comme une caractéristique propre à l'être humain, nous permettant non seulement de communiquer mais aussi de se souvenir de nos expériences et d'apprendre de celles des autres. Il y a même un gène spécifique au langage qui non seulement nous sépare des autres espèces mais aussi des autres humains, la langue exprimant et définissant ce que l'on voit et comment on le perçoit.

Les bénéfices des compétences en langues étrangères ainsi que du plurilinguisme et de l'alphabétisation multiple sont souvent exprimés en termes personnels et professionnels, mais aussi culturels, cognitifs et sociaux. Ensemble, ils reflètent le rôle des langues au sein de l'expérience et de la vie humaines. C'est cette expérience humaine partagée qui rend d'autant plus important l'apprentissage des langues étrangères.

La langue est un outil à la fois de communication et de créativité. Elle est essentielle pour communiquer, que cela soit par de brèves interactions sociales, un débat formel ou à travers les médias d'actualité, la littérature et les arts. Ainsi, elle nous permet de comprendre et d'apprécier les idées des autres et d'apprendre du passé. Elle est dans le même temps un outil créatif nous permettant de travailler seul ou en groupe pour créer ou développer des idées. Elle permet aussi l'expression littéraire ou artistique.

Bien que nous partagions des langues communes, l'utilisation de la langue par chacun est unique, et chaque langue peut accentuer une facette différente de n'importe quel concept ou expérience. C'est bien la raison pour laquelle nous devrions apprendre d'autres langues ; pour mieux comprendre les mots et conceptions du monde des autres sans s'en remettre entièrement à la traduction ou à l'interprétation.

Lire de la littérature en version originale permet l'accès à la langue authentique grâce à la lecture de mots exacts choisis par l'auteur qui offrent un aperçu de sa culture. Par opposition, la traduction requiert un intermédiaire, le traducteur et sa propre interprétation du sens voulu par l'auteur.

L'accès à la littérature dans la langue originale est l'un des merveilleux bénéfices de l'apprentissage d'une ou plusieurs langues. Des bénéfices similaires viennent de la non-fiction et de la langue parlée dans les films, au théâtre et dans d'autres médias, lorsque l'on peut entendre le texte ou script original et authentique sans aucun intermédiaire, saisissant les nuances qui seraient perdues par la traduction.

La connaissance d'une langue locale est un avantage certain lorsque l'on fait des affaires à l'étranger. Alors que les réunions officielles peuvent être conduites en anglais ou dans la langue officielle de la compagnie, les interactions sociales autour de n'importe quelle réunion d'affaires s'effectuent probablement dans la langue locale et la personne uniquement anglophone est alors laissée pour compte. Elle ne profite non seulement pas des aspects purement sociaux de l'interaction, mais manque aussi l'occasion de construire les relations personnelles souvent d'autant plus importantes à l'étranger dans les relations d'affaires. Il faut aussi noter que pour ceux qui vivent à l'étranger pour des raisons professionnelles, bien qu'ils puissent s'en sortir avec l'anglais sur leur lieu de travail même en ne pouvant pas saisir les nuances commerciales et sociales, vivre quelque part sans parler la langue locale peut être très difficile.

Il est important de se souvenir que même lorsque l'on pense que tout le monde parle anglais, cela peut se révéler être une certitude infondée. L'une des raisons les plus fréquemment citées pour expliquer que les Américains ne parlent pas d'autres langues est le fait que le monde entier parle anglais. Bien que l'anglais soit une langue largement étudiée et parlée, elle n'est pas la langue la plus parlée au monde, mais la troisième, après le mandarin et l'espagnol. D'ailleurs, selon le British Council (2013), 75% de la population mondiale ne parlent pas l'anglais.

Cependant, il est aussi important, en présence d'un pays ou d'une région où l'anglais n'est pas la langue officielle ou dominante, de se montrer respectueux de la langue et de la culture locale. Parler quelques mots de cette langue et montrer sa connaissance de la culture locale sont des étapes importantes pour communiquer sur le terrain avec les partenaires commerciaux locaux, les voisins et les amis.

L'équilibre des pouvoirs entre les langues a changé à travers l'histoire, depuis le latin de la *Pax Romana* jusqu'au globish, mais l'idée à retenir est que l'histoire des langues est celle des peuples qui les parlent et le rôle qu'elles ont joué à leur époque.

Pour nous qui sommes aux États-Unis, il est crucial de se souvenir que dans le domaine des affaires, il est essentiel de parler la langue du client ou de l'acheteur. Plus important encore, nous devons nous rappeler que bien que l'anglais ne soit que la troisième langue la plus parlée au monde et qu'uniquement un quart de la population mondiale le parle, seul un quart des Américains se sentent capables de tenir une conversation dans une autre langue que l'anglais et moins de 20% des étudiants d'écoles publiques de la maternelle au lycée étudient une langue étrangère.

L'écart est trop grand pour ignorer l'importance des langues étrangères dans le monde et aux États-Unis, un pays où deux tiers des Américains affirment avoir au moins un ancêtre étranger, où des millions de personnes parlent chez elles une autre langue que l'anglais, et où le nombre d'Américains qui parlent une ou plusieurs autres langues et le nombre d'étudiants qui les apprennent sont minimaux.

Chapitre 5
Initier un changement de paradigme

Afin d'initier un changement de paradigme dans l'approche des langues étrangères et de leur statut au sein du domaine éducatif aux États-Unis, toute initiative doit être basée et conçue à partir de la théorie et des meilleures pratiques de la gestion du changement, du marketing social, du marketing des causes sociales, de la psychologie d'influence, de l'innovation disruptive, des éléments de campagnes politiques populaires fructueuses et de la stratégie de l'océan bleu. Les éléments de la campagne pour les langues étrangères peuvent aider efficacement à résoudre le déficit linguistique aux États-Unis par une approche intégrée, prenant en compte tous les acteurs aux objectifs complémentaires au service du rêve commun de développer les compétences en langues étrangères dans le pays.

La gestion du changement

Selon John Kotter, une gestion efficace du changement commence par « un sentiment d'urgence », clairement justifié dans le cas de l'apprentissage des langues étrangères aux États-Unis. Les étapes restantes dans le processus à 8 temps comprennent : construire un groupe de soutien, développer une vision, les stratégies et tactiques associées, attirer les volontaires, agir, générer des succès à court terme, soutenir cet élan et incorporer le changement dans la structure organisationnelle. En termes de planification d'une campagne pour les langues étrangères, il y a beaucoup à apprendre de la théorie de gestion du changement sur comment convaincre, et surtout comment créer un « sentiment d'urgence ».

Le marketing social

Le marketing social (à ne pas confondre avec les réseaux sociaux ou le marketing médiatique bien que le marketing social puisse utiliser les réseaux sociaux comme outil) cherche à influencer les comportements en faveur du bien public. La campagne doit aussi se baser sur la théorie et les meilleures pratiques du marketing social, qui adapte les stratégies et tactiques du marketing et les utilise pour le bien social. Dans le livre de Kotler et Lee *Social Marketing: Changing Behaviors for Good*, le processus de planification stratégique du marketing social est conçu en 10 étapes : l'enjeu et la priorité sociaux ; une analyse SWOT de la situation ; des publics cibles ; des objectifs de comportements et des objectifs cibles ; cibler des barrières, la compétition et autres influences ; l'annonce d'un positionnement ; des stratégies de marketing mixte (les 4 P : produit, prix, position et promotion) ; le contrôle et l'évaluation ; le budget, et la planification pour l'implémentation et des comportements durables. Selon le marketing social, il est essentiel de se souvenir de l'importance de la transmission du message aux groupes et communautés visés qui sont les plus à même de profiter de l'apprentissage des langues mais qui pourraient avoir les plus grandes barrières à l'accès de ces opportunités et être confrontés à des coûts d'opportunité plus importants.

Le marketing des causes sociales

En tant qu'extension des Responsabilités Sociétales des Entreprises (RSE), le marketing de causes sociales exige des partenariats de sociétés et implique l'identification claire des objectifs, du choix d'un partenaire de cause et le développement du partenariat (Rosica). Bien que la campagne pour les langues étrangères soit une entreprise volontaire, il y a toujours des coûts et le marketing des causes sociales offre une voie pour un soutien financier de plus en plus nécessaire pouvant se faire à travers la RSE, importante dans de nombreuses entreprises du secteur privé. L'identification d'entreprises partenaires appropriées et durables et le développement d'une relation partenariale de long terme sont les premières priorités.

La psychologie de l'influence et la science de la persuasion

La persuasion est au cœur d'une campagne fructueuse et n'importe quelle campagne doit être basée sur la psychologie de l'influence et la science de la persuasion. Robert Cialdini a identifié six principes de persuasion : réciprocité, rareté, autorité, cohérence, sympathie et consensus. Dans la campagne, que cela soit en personne ou en ligne ou sur les réseaux sociaux, il est important d'incorporer les éléments de psychologie d'influence et de la science de la persuasion. Il est aussi essentiel d'établir une relation positive avec les groupes potentiels d'apprenants de langues à travers des bases communes et des similarités d'objectifs et d'aspirations.

Innovation de rupture, une campagne politique populaire

L'innovation de rupture, un processus décrit par Clayton Christensen, désigne une approche ascendante qui pourrait se comparer à un apprentissage précoce des langues étrangères, amenant des étudiants très compétents au niveau lycée et pouvant bousculer les programmes linguistiques traditionnels au niveau universitaire. En rendant l'enseignement des langues étrangères accessible dès les premiers niveaux académiques et dans les écoles publiques sans coûts directs pour les élèves et leurs familles, la campagne en faveur des langues étrangères est potentiellement perturbatrice pour à la fois les écoles privées d'élites, qui ont souvent offert cet avantage pour une petite partie des élèves, mais aussi pour les universités qui ne proposent souvent que des classes de langues introductives suivies par des cours avancés généralement en littérature et études littéraires, et enfin pour les écoles commerciales de langue qui ont contribué à la marchandisation des compétences linguistiques. Comme dans n'importe quelle campagne politique populaire fructueuse, celle pour les langues étrangères dépend de la transmission du message directement et personnellement aux familles et aux communautés, usant d'une communication authentique et sincère en plus de moyens de diffusion plus institutionnels.

Campagne politique populaire fructueuse

Bien que de nature éducative, la campagne pour les langues étrangères est aussi politique et populaire et doit comporter les stratégies et tactiques d'une campagne politique à succès. Cette dernière comporte le besoin de se concentrer sur les personnes les plus probables de soutenir la cause, celui de sélectionner ceux qui parleront aux communautés et les plus à même de défendre les langues, la nécessité de se concentrer sur les gens et non juste sur la technologie, et enfin celle de mesurer et d'évaluer ce qui a le plus d'impact.

Le rôle de la stratégie de l'océan bleu

La stratégie de l'océan bleu, décrite par Kim et Mauborgne, souligne le développement de nouveaux marchés plutôt que de leur compétition. Dans le cas de la campagne pour les langues étrangères, il n'est pas difficile d'imaginer que les populations mal desservies, notamment des personnes déjà dans le milieu du travail, représentent des marchés « océan bleu » potentiels. Le principe sous-jacent de cette stratégie est la reconnaissance de l'importance de l'innovation, qui donne de la valeur à l'acheteur ou au consommateur (étudiant et communauté) à travers la différentiation du produit ou du service offert à bas coût. Les éléments clés de la stratégie de l'océan bleu comprennent la création d'un marché incontesté, l'élimination de la concurrence, la création et la réponse à une nouvelle demande, casser le calcul coûts-avantages et, de façon plus importante, aligner tout le système de l'organisation sur la poursuite de la différentiation et du bas prix.

Kim et Mauborgne poussent plus loin le concept de la stratégie de l'océan bleu pour conceptualiser son changement, soulignant les étapes actuelles nécessaires et décrivant les trois composants clés d'un changement d'océan bleu fructueux : adopter une perspective de l'océan bleu, avoir des outils pratiques pour la création de marché et avoir des processus et valeurs humanistes.

La clé du succès dans des environnements hautement compétitifs est la stratégie de l'océan bleu. Ces contextes sont ceux où les institutions éducatives font face à des défis financiers et où les programmes et disciplines scolaires sont parfois en compétition pour des financements limités dans un environnement à somme nulle. La stratégie renforce le changement de paradigme en faveur des langues étrangères en cherchant des marchés d'océans bleus, c'est-à-dire les parents, les communautés et les apprenants eux-mêmes qui n'ont jamais réellement considéré les langues étrangères comme faisant partie des compétences essentielles sur un marché mondialisé et dans un monde globalisé.

Plutôt que de concurrencer d'autres départements sur des ressources rares, une campagne pour les langues étrangères conduite par la stratégie de l'océan bleu créera de la demande pour les langues étrangères là où elle n'existait pas auparavant. Une mobilisation des parents et des leaders communautaires pour défendre les langues étrangères dans leurs écoles et leurs académies permettra de donner à ces dernières de la valeur en montrant une voie, non seulement vers le plurilinguisme, mais aussi vers des succès académiques et professionnels pour les apprenants, les communautés et pour les écoles voulant se différencier qualitativement.

SCHEMA 1. LA CAMPAGNE POUR LES LANGUES ETRANGERES

Le don des langues

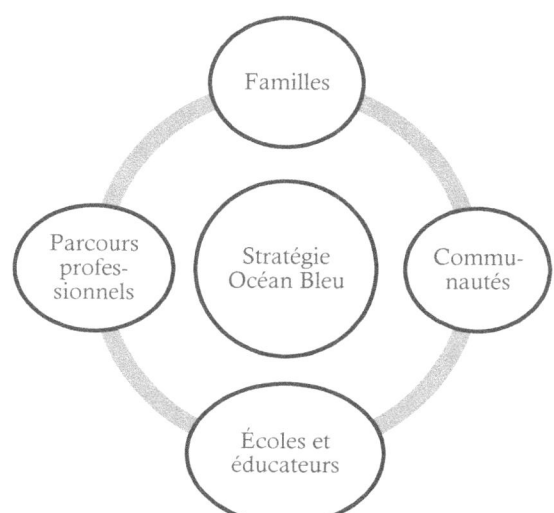

SCHEMA 2. LA STRATEGIE DE L'OCEAN BLEU—LA CAMPAGNE POUR LES LANGUES ETRANGERES

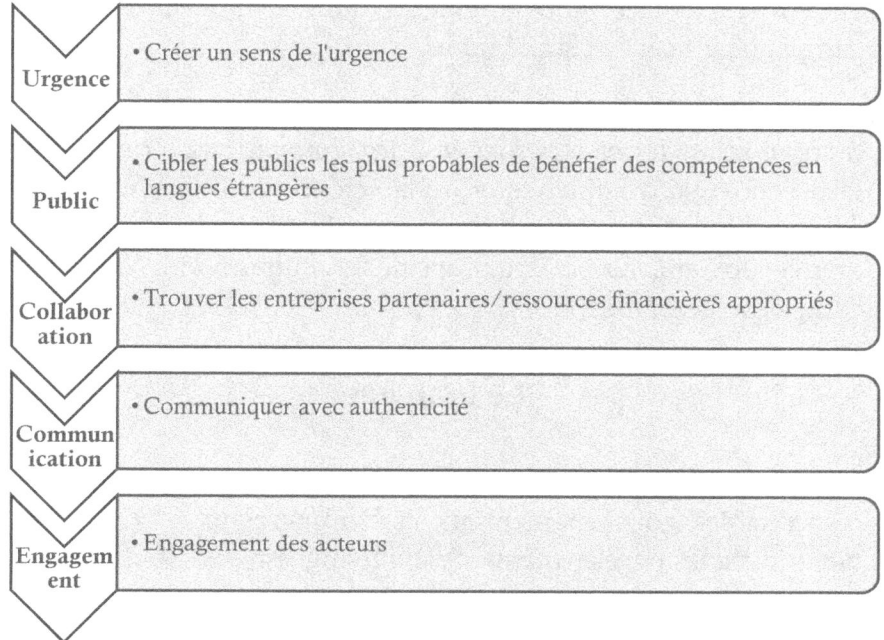

SCHEMA 3. LES ETAPES APPROPRIEES D'ACTION « OCEAN BLEU » POUR LES LANGUES ETRANGERES

Bien que provoquer un changement de paradigme de cette magnitude ne soit jamais facile, il est important de se souvenir que nous pouvons tous être agents du changement, dans nos familles, nos communautés, nos écoles et au-delà. Chaque changement de paradigme commence avec une personne. Il peut commencer aujourd'hui avec chacun de nous en tant que parent bilingue et défenseur des langues étrangères.

La campagne pour les langues étrangères

Comme évoquée précédemment, la rentabilité de l'apprentissage en langues étrangères n'est pas seulement liée aux bénéfices acquis par les apprenants. De façon tout aussi importante, les défenseurs des langues étrangères doivent adapter les théories et méthodes économiques et commerciales utilisées par les entreprises et les gouvernements afin de développer une campagne efficace et stratégique.

En plus du management du changement, du marketing social, du marketing des causes sociales, de l'innovation de rupture, de la psychologie d'influence et de la science de la persuasion, et enfin surtout de la stratégie de l'océan bleu, le lobbying et les Six Sigma doivent aussi être considérés comme des outils de campagne potentiels.

Le lobbying

Le lobbying a été défini comme « une tentative d'influencer les responsables gouvernementaux et commerciaux ». Étant une tâche difficile en elle-même, le lobbying est encore davantage compliqué par le fait que, en plus des lobbyistes officiels, beaucoup d'autres professionnels dans les affaires gouvernementales et publiques, les relations publiques, le consulting et même des associations commerciales et professionnelles, etc. peuvent avoir la même fonction.

Dans un sens plus large, toute personne qui soutient ou défend une cause, dans notre cas l'éducation en langues étrangères, comme agent de changement peut être considérée comme citoyen lobbyiste. C'est pour cette raison qu'il est utile d'observer comment les professionnels, c'est-à-dire les lobbyistes officiels, remplissent leur mission d'influencer les leaders gouvernementaux et d'entreprises pour agir et faire voter des lois en faveur d'une cause ou d'une idée particulière.

Alors que nous avons déjà discuté de la nature et de l'importance de la psychologie d'influence et de la science de la persuasion dans le développement d'une campagne efficace pour les langues étrangères, le lobbying adopte une perspective pragmatique sur le processus. Les lobbyistes efficaces, nous compris en tant que citoyens agents du changement/lobbyistes, doivent garder en tête les pratiques et procédures tout en restant concentrer sur ce qu'ils promeuvent pour servir l'intérêt général. Il est important aussi de se souvenir qu'influencer des responsables d'entreprises et de gouvernements n'est qu'une part de la mission d'un défenseur efficace de l'apprentissage des langues étrangères, les familles, les communautés et le futur de nos enfants étant au cœur de cette mission.

Un article récent sur les méthodes d'un lobbyiste efficace souligne l'importance d'identifier clairement un représentant, d'être courtois et professionnel, d'avoir un message clair et concis, de le rendre personnel tout en montrant que l'enjeu de l'apprentissage des langues étrangères est important pour chacun de nous, d'être précis et honnête, prêt à travailler avec du personnel gouvernemental et législatif bien qu'il puisse être difficile de trouver du temps avec les représentants officiels, être prêt à faire des compromis si nécessaires et à engager un dialogue avec les officiels et leurs personnels, utiliser les réseaux sociaux et internet de façon pertinente et enfin remercier tous ceux qui ont aidé et soutenu notre cause (Makarian).

Parmi les qualités d'un bon lobbyiste, une expertise sur le sujet, la connaissance des contacts et organisations pertinentes et celle des processus et procédures législatives, des qualités interpersonnelles, un bon jugement, un savoir-faire politique et d'excellentes compétences en communication sont souvent mentionnés. Cependant, la gestion du temps et la patience sont essentielles à une défense et un lobbying efficaces (Lebov).

Bien que de nombreux groupes et individus soutiennent les langues étrangères, JNCL-NCLIS est considéré comme le seul vrai lobbyiste des langues étrangères aux États-Unis.

Les problèmes potentiels liés au terme « lobby » pour les langues étrangères viennent d'une connotation négative donnée par les médias en termes de manque de transparence et d'intégrité. Cependant, il est possible d'affirmer que le lobbying peut apporter des réformes et des changements positifs, rassembler différents groupes, influencer à la fois l'opinion publique, la politique et l'action du gouvernement, et peut apporter des informations aux responsables et décideurs politiques et législatifs sur des enjeux spécifiques. Si les sociétés et grandes entreprises utilisent le lobbying afin d'atteindre leurs objectifs, alors les bonnes causes peuvent et doivent faire de même.

Il est important d'appréhender le lobbying sous une perspective d'introduction d'un changement positif par une prise de conscience croissante d'une cause ou d'un enjeu, dans notre cas celui des langues étrangères, et de son rôle d'informateur pour les législateurs et responsables politiques. Le lobbying de cause peut constituer une part importante de la campagne pour les langues étrangères.

Six Sigma et Lean Six Sigma

Le terme "Six Sigma" est souvent utilisé en termes d'amélioration de processus et de gestion axée sur des données, et il est important d'observer comment cette stratégie peut être utilisée pour améliorer la campagne pour les langues étrangères. La valeur principale qui guide Six Sigma est le développement d'un processus, ici celui de la campagne pour l'apprentissage des langues étrangères. Les outils de Six Sigma sont souvent désignés comme DMAIC : définir, mesurer, analyser, améliorer (*improve*) et contrôler. Dans le cas de l'apprentissage des langues étrangères aux États-Unis, il est nécessaire de définir le problème : le manque de compétences en langues étrangères parmi les Américains anglophones. Une fois défini, l'étendue du déficit linguistique des États-Unis doit être quantifiée et analysée pour déterminer les causes et les défis. Des stratégies seraient développées pour répondre au problème et améliorer l'enseignement, et des indicateurs seraient créés pour mesurer les progrès.

La principale contribution de Six Sigma à l'enjeu du développement des compétences en langues étrangères se situe dans l'accent mis sur la résolution de problèmes et le développement d'une stratégie avant l'implémentation de tactiques. Dans de nombreux cas, la défense des langues étrangères est guidée par les tactiques, répondant aux crises à mesure qu'elles surviennent plutôt qu'en développant une stratégie de long terme mesurable pour un changement positif.

Le terme « Lean Six Sigma » est souvent utilisé, combinant les principes du Lean Management avec le processus d'amélioration de Six Sigma. La principale contribution de valeur de Lean Six Sigma est de prendre en compte le manque de ressources financières et humaines inhérent à n'importe quelle campagne pour les langues étrangères, où les fonds dépendent largement des contributions des membres et où le personnel est puisé parmi les agents volontaires du changement, qui sont souvent des enseignants ou éducateurs déjà très occupés.

Par exemple, en termes de maximisation de l'impact des maigres ressources financières et humaines qui caractérisent la campagne pour l'apprentissage des langues étrangères, il serait révélateur d'étudier l'impact d'une campagne sur les réseaux sociaux en comparaison de la présence de défenseurs des langues étrangères dans des rencontres publiques d'un conseil d'éducation ou d'un conseil d'administration où l'éducation en langues étrangères doit être discutée. Tandis qu'il serait tentant de penser que les réseaux sociaux puissent toucher un public plus large en moins de temps et d'effort, ou au contraire qu'une personne présente pour défendre les langues étrangères à une réunion aurait plus d'impact, seuls les résultats et les données confirmeront quelle tactique est capable d'atteindre un meilleur résultat.

La défense stratégique des langues étrangères

De nombreux éducateurs en langues étrangères font un travail fantastique dans leurs salles de classe et leurs écoles, ainsi qu'à travers une grande variété d'initiatives de défense et de développement professionnel. De plus, les soutiens et défenseurs des langues étrangères peuvent aussi être trouvés dans nos familles et nos communautés, ainsi que dans des entreprises privées et parmi les personnalités officielles, publiques et élues.

La défense des langues étrangères est aussi bien institutionnelle que personnelle, avec des efforts menés par nos associations professionnelles et d'autres groupes, ainsi que par des parents et des individus concernés de tous les milieux, qui croient en l'importance de l'apprentissage des langues étrangères pour chaque individu et notre société.

Le manque de compétences en langues étrangères aux États-Unis impacte négativement notre sécurité économique et nationale. Cependant, dans un monde de plus en plus globalisé et une Amérique plurilingue, moins de 20% des élèves des écoles publiques étudient une langue étrangère et au niveau universitaire, seuls 7,5% des étudiants sont inscrits dans un cours de langue autre que l'anglais.

Parmi les défis qui se posent à la défense des langues étrangères et ses soutiens, une survenance fréquente mais frustrante est l'annonce d'une réduction ou d'une suppression d'un programme linguistique. Comme ces annonces sont souvent faites à la fin d'une année académique, prenant effet au début de la prochaine année et prenant parfois place à l'occasion d'un départ à la retraite d'un enseignant respecté, il y a peu de temps pour réagir et organiser une campagne pour sauver le programme concerné qui aurait la moindre chance de succès. Quelques lettres précipitamment écrites et signées quand les classes se terminent sont peu probables de changer l'avis de l'administrateur qui a pris cette décision et pourraient même empirer la situation du programme et des organisateurs de la campagne.

La stratégie pour renforcer, protéger ou défendre nos programmes de langues étrangères consiste en un soutien proactif, qui commence dès le premier jour et continue de façon constante quand un programme est solide et rencontre du succès. Ce type de défense entend développer un réseau local de soutien du programme au sein de l'école et de la communauté, et avec un peu de chance éviter toute tentative de réduction ou de suppression.

Une stratégie de mobilisation proactive et constante peut et doit utiliser des méthodes à la fois traditionnelles et qui relèvent des réseaux sociaux, et cibler les étudiants, les parents, les alumni et les administrateurs scolaires, ainsi que les partenaires actuels et potentiels dans la communauté et au-delà, dans le comité régional et local. Une stratégie efficace soulignerait certainement les réussites des élèves, tout en démontrant les avantages personnels, sociaux et professionnels des compétences en langues étrangères et des connaissances culturelles.

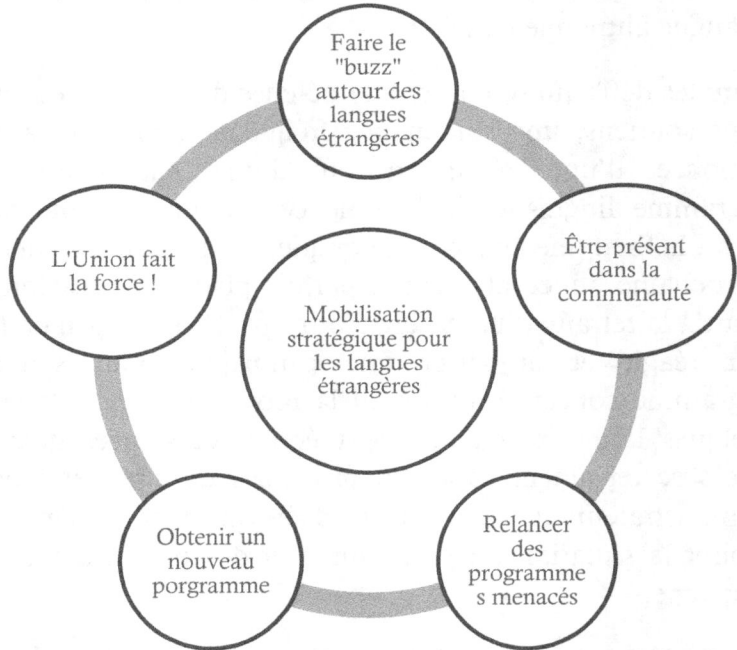

SCHEMA 4. MOBILISATION STRATEGIQUE POUR LES LANGUES ETRANGERES

Un autre défi réside dans le fait que les étudiants réalisent parfois qu'ils veulent ou ont finalement besoin d'apprendre une autre langue seulement quand une opportunité d'expérience d'études ou de stage à l'étranger se présente. Il reste alors peu de temps pour se préparer. De plus, les étudiants sont souvent motivés pour contribuer à un monde meilleur mais n'ont pas les compétences linguistiques et culturelles pour être des citoyens mondiaux efficaces dans un cet environnement par définition plurilingue.

Un troisième défi tient au fait que les soutiens des langues étrangères, encourageant leur apprentissage pour un usage particulier, peuvent hésiter à être associés à une campagne institutionnelle de large ampleur et préféreraient se concentrer sur une campagne de niche avec une langue, un niveau, une méthodologie et un but spécifique.

D'autres soutiens des langues étrangères pourraient préférer une campagne purement en ligne ou sur les réseaux sociaux par la signature de pétitions en ligne, tandis que d'autres préfèreraient des réunions et discussions en personne. Cependant, d'autres pourraient craindre qu'à cause de leur famille, leur travail et d'autres engagements, ils n'auront pas le temps de participer activement, mais sont prêts à faire un don ou à voter pour une cause.

La bonne nouvelle est que le concept de la mobilisation stratégique pour les langues étrangères est loin d'être uniforme ; elle est au contraire une large coalition qui entend et a besoin de tous nos soutiens, que cela soit à travers une campagne organisationnelle et financée ou un activisme communautaire de terrain, aussi bien en ligne que sur place.

Le plan de mobilisation stratégique pour les langues étrangères

Le développement et l'implémentation d'un plan de mobilisation stratégique pour les langues étrangères doivent résulter des intérêts et des capacités des participants ainsi que du temps, de l'argent et de la technologie disponibles. La première étape est de créer un "buzz" autour des langues étrangères et de présenter leur apprentissage comme cool, tendance et branché. Les méthodes peuvent comprendre des postes en ligne et sur les réseaux sociaux, ainsi que des rencontres et événements en personne soulignant les avantages des compétences en langues étrangères avec la présence de célébrités (aussi locales !), du divertissement, de la nourriture, etc., avec des spécificités adaptées aux besoins locaux et au public visé.

Un autre élément dans la création et le maintien d'un « buzz » autour des langues étrangères est le partage sélectif d'informations avec les enseignants et les autres soutiens qui n'auraient pas toujours le temps de chercher de façon régulière ces informations nécessaires.

En plus de promouvoir les langues étrangères et de partager les informations, les éducateurs devraient travailler dans leurs associations professionnelles afin de développer des opportunités pour mettre en avant les compétences en langues étrangères et de profiter de tous les moyens qui existent actuellement. Développer des programmes, des compétitions et événements locaux pour valoriser les compétences en langues des étudiants et chercher des sources de financements externes est une autre étape d'action possible. L'apprentissage expérimental local, les opportunités de volontariat et la mise en valeur des apprenants de langues sont aussi une façon d'améliorer la perception des langues étrangères.

Tandis que cette étape n'est pas difficile, le défi se situe dans le développement et le maintien de la motivation des gens à apprendre une langue étrangère plutôt que de dévouer ce même temps et cette énergie à développer d'autres compétences. Cependant, créer et maintenir ce "buzz" autour des langues étrangères sont essentiels pour développer un apprentissage durable des langues étrangères.

Être présent dans la communauté

En plus de travailler à créer un buzz autour des langues étrangères, la mobilisation stratégique pour les langues étrangères doit être présente et active au sein même des institutions éducatives et des communautés locales. Elle peut ainsi éventuellement financer des événements linguistiques gratuits et informels comme des tables de langues à la bibliothèque ou au centre communautaire, où les apprenants et les natifs peuvent se rencontrer.

Il est aussi important pour la mobilisation stratégique pour les langues étrangères de maintenir un dialogue avec les administrateurs éducatifs locaux et les responsables publics, en les tenant informés des choses intéressantes qui se passent dans la classe de langue. Alors que les rencontres en personne et les visites de classes sont très efficaces, une newsletter en ligne est aussi une excellente alternative.

Il est d'autant plus important pour une mobilisation stratégique pour les langues étrangères efficace de participer à des associations professionnelles liées à l'apprentissage des langues étrangères, afin de prendre des rôles à responsabilité pertinents et/ou d'écrire aux professionnels des publications de recherche, de prendre la parole à des conférences, etc. L'engagement politique, que cela soit en tant que votant, soutien ou candidat est une autre façon de se mobiliser pour l'enseignement des langues étrangères.

Être présent dans la communauté locale et éducative peut tenir les éducateurs et communautés informés d'une potentielle réduction dans l'enseignement des langues ou qu'une suppression est en train d'être étudiée, discutée ou est même prévue.

Relancer les programmes menacés ou supprimés/fermés

Lorsqu'on réalise que son programme est menacé, il est souvent trop tard. Si une décision a déjà été prise de réduire ou supprimer un programme, il est difficile de la faire changer. Même si une réduction ou une suppression proposée n'est pour l'instant que sur la table, cela indique déjà un certain niveau de soutien en faveur de cette idée parmi les administrateurs et les décideurs et encore une fois, il est très difficile de convaincre les gens de renoncer à « leur » idée. Il est bien mieux de stratégiquement et proactivement éviter toutes considérations ou discussions d'une quelconque réduction ou suppression.

Cependant, même si cela se produit, il est nécessaire de « mener le bon combat » en s'adressant à la fois aux alliés et soutiens présents et potentiels aux niveaux local, étatique, régional et national, et d'utiliser les réseaux sociaux et les pétitions en ligne en plus de la mobilisation de terrain. Tandis que cela pourrait potentiellement sauver le programme, cela pourra certainement dissuader d'autres réductions futures.

Il est plus difficile de faire renaître un programme qui a déjà été supprimé, notamment si beaucoup de fermetures de programmes sont survenues après le départ à la retraite ou vers un autre établissement d'un enseignant de langue étrangère respecté et si le budget est souvent cité comme raison. Cependant, il n'est pas impossible de faire renaître un programme progressivement avec un enseignant à temps partiel ou en tant que programme mineur, à double majeure ou interdisciplinaire (au niveau universitaire), dans un arrangement de partage des coûts avec une autre institution ou à travers un programme en ligne dont l'origine peut ne pas être locale. Comme le succès du processus de réouverture d'un programme qui a été supprimé n'est absolument pas certain, les soutiens des langues étrangères devront travailler ensemble et rester vigilants à toutes nouvelles menaces pendant un certain temps.

L'agent individuel du changement

Chaque changement de paradigme commence avec une personne. Créer un nouveau programme est probablement le défi le plus considérable de la mobilisation stratégique pour les langues étrangères, étant donné qu'il n'existe aucune structure en place, pas de budget, d'histoire, de réseau de soutiens ou même d'un besoin perçu d'un nouveau programme de langue.

Cependant, ce n'est pas impossible. De nombreuses décisions éducatives sont faites localement dans l'école, le rectorat ou sur le campus universitaire. Un agent de la mobilisation stratégique pour les langues étrangères convaincu du besoin d'un nouveau programme doit bâtir une coalition de terrain composée de soutiens qui partagent la même vision et la défendre auprès des administrateurs scolaires et des décideurs, usant de toutes les stratégies et tactiques pour une campagne efficace. Enfin, il doit présenter des arguments logiques, basés sur la recherche existante sur les bénéfices des compétences en langues étrangères. C'est aussi là que les "célébrités" locales, les leaders communautaires et les groupes qui parlent les langues cibles peuvent être des soutiens et des alliés de valeur.

L'union fait la force

Il est avant tout essentiel pour les enseignants de langues étrangères de travailler ensemble mais aussi avec des parties prenantes de cette cause dans leurs communautés, dans le secteur privé et au sein du gouvernement.

La mobilisation stratégique pour les langues étrangères comprend différentes langues, approches et méthodologies. Elle ne peut pas être considérée comme une équation à somme nulle où un programme ne peut gagner seulement que si un autre échoue. Aussi bien les enseignants traditionnels de langues que de programmes d'immersion, les éducateurs de différentes langues mais aussi tous les professeurs des écoles doivent se mobiliser car, comme on le dit, *l'union fait la force !*

Chapitre 6
Une voie vers l'apprentissage efficace des langues étrangères

Les langues étrangères ont la caractéristique d'être interdisciplinaires. En tant qu'élément clé de la communication humaine, les langues reflètent l'entièreté de l'expérience humaine. L'importance de cette interdisciplinarité inhérente et ses conséquences sur l'apprentissage des langues étrangères sont incontournables.

L'enseignant de langue étrangère est par définition l'enseignant de la culture des locuteurs de la langue cible et de tout ce qu'elle comporte : la littérature bien sûr, mais aussi son histoire, son art, sa musique, sa politique, son mode de vie et bien plus encore. Étudiant la valeur clé du plurilinguisme de l'Union Européenne, Michael Byram a largement écrit sur le rôle des langues étrangères dans la communication, les compétences et la citoyenneté interculturelles. Lies Sercu a écrit sur l'apprentissage des langues étrangères, décrivant l'enseignant de langue étrangère comme un enseignant de compétences interculturelles. Aux États-Unis, le rapport MLA *Foreign Languages and Higher Education: New Structures for a Changed World* souligne l'importance des compétences translinguistique et transculturelle et celle du rôle de leadership des enseignants de langues étrangères dans les partenariats collaboratifs scolaires.

Il y a tellement de manières d'apprendre d'autres langues que cela soit de nos familles et communautés, sur le lieu de travail et dans la salle de classe ou par un environnement d'apprentissage en ligne. Cependant, la plupart des Américains qui étudient une autre langue le font seulement dans une salle de classe, en personne, en ligne ou dans un environnement hybride. Au-delà de cela, la question de comment apprendre une autre langue, guidée par celle de pourquoi, peut mener à de nombreuses voies.

Souvent, l'apprentissage d'une langue peut se concentrer sur la grammaire et le vocabulaire qui, bien qu'essentiels, peuvent manquer d'authenticité et d'un contexte culturel et communicatif qui donnent du sens au processus et soutiennent l'apprenant dans les traversées du désert inévitables dans l'apprentissage d'une langue. Les médias et textes authentiques peuvent soutenir cette motivation, mais la question qui se pose est quels matériels pour quels apprenants. Dans les premières classes scolaires et niveaux d'apprentissage, il est facile d'identifier des sujets sociaux, scolaires et familiaux qui pourraient être enseignés à presque tous les apprenants, mais à mesure que les étudiants avancent jusqu'aux derniers niveaux du lycée et au niveau universitaire, les intérêts deviennent plus différenciés. Il est alors important d'avoir du matériel lié et basé sur des disciplines différentes afin de faire perdurer leur motivation à apprendre.

Un étudiant en commerce ou en sciences peut avoir des objectifs de vie et d'apprentissage linguistique différents d'un étudiant en sciences humaines et sociales. Le matériel et les expériences authentiques dans l'apprentissage de la langue doivent refléter ces intérêts disciplinaires, ainsi que les intérêts personnels variés des jeunes adultes apprenants. Le contenu des cours, les lectures et l'apprentissage expérimental peuvent offrir une voie d'apprentissage dans un contexte interdisciplinaire. Les études liées à des enjeux globaux, internationaux et régionaux peuvent exiger des lectures, des médias et des expériences dans la langue et la culture cibles. Les études à l'étranger peuvent compléter l'apprentissage en classe et en ligne, mais il est important d'apporter une variété d'opportunités même au niveau local comme des expériences de court ou moyen terme accessibles à des publics plus larges et divers d'étudiants que les traditionnels semestres ou année à l'étranger. Ces expériences de court terme peuvent aussi être plus spécifiques aux étudiants d'une discipline ou majeure particulière.

Un autre moyen d'arriver à l'interdisciplinarité dans l'apprentissage des langues étrangères est une double spécialisation, qui permet aux étudiants de poursuivre un diplôme professionnalisant tout en continuant leur apprentissage des langues. L'enseignement en équipe et des cours dans la première majeure autorisant un module additionnel pour étudier le matériel dans une seconde langue font partie des meilleures pratiques.

Tandis que le rapport MLA de 2007 *Foreign Languages and Higher Education* fait appel à des compétences translinguistiques et transculturelles, les universités ont créé des opportunités interdisciplinaires d'apprentissage linguistique à travers les Langues sur Objectifs Spécifiques (LOS) et les Études de Langues Commerciales (ELC), ainsi qu'à travers le développement et la promotion active d'opportunités de double majeure. De plus, les programmes préprofessionnels ou ciblés sur des régions spécifiques offrent une voie vers des carrières dans les services linguistiques, les relations internationales, les études globales et internationales, etc.

Le défi de la maîtrise de la langue

Tandis que certains programmes au niveau licence et master ont pris l'initiative d'offrir la possibilité d'étudier des langues dans des majeures de toutes disciplines, même si cette majeure est dans une ou plusieurs langues étrangères, le vrai défi reste le manque de compétences linguistiques et interculturelles chez de nombreux étudiants d'universités. Certains aimeraient les acquérir car elles sont nécessaires pour avoir un impact en tant que citoyens du monde.

Bien que les universités offrent un large choix de cours de langues, le défi est que les étudiants (pour de nombreuses raisons comme les coûts, la pression des cours de leur majeur, etc.) ne peuvent parfois pas commencer l'étude d'une langue étrangère ou même continuer les études entamées au lycée dans cette langue.

Le vrai défi est d'offrir à tous les étudiants l'égale opportunité d'étudier les langues étrangères dans les premiers niveaux scolaires, afin qu'ils en aient déjà acquis la maîtrise et puissent grâce à elles faire ce qu'ils souhaitent lorsqu'ils atteignent le niveau universitaire. Cela peut être du travail sur le terrain à l'étranger, diriger un business international et plus important encore, répondre de façon efficace aux enjeux mondiaux dans un environnement et un lieu de travail plurilingues et multiculturels.

Les étapes d'action pour avancer

Il est important pour les enseignants de langue étrangère de construire une relation à l'intérieur de la communauté pour défendre et soutenir l'apprentissage linguistique. Cela permet de développer la maîtrise et même l'aisance le plus tôt possible à travers des programmes traditionnels, d'héritage ou d'immersion. Il est aussi essentiel d'assurer la création de matériels authentiques et le développement de formations professionnelles pour les enseignants.

Plus important encore, il faut sensibiliser la communauté aux bénéfices et avantages des compétences en langues étrangères et déployer les meilleures théories et pratiques de la gestion du changement et de la stratégie de l'océan bleu. Ceci permettrait d'accroître à la fois cette prise de conscience et des opportunités d'apprentissage.

Méthodes d'enseignement des langues étrangères

Les gens décident d'apprendre une langue pour de nombreuses raisons et à différents moments de leur vie. De plus, ils ont des intérêts et des façons d'apprendre variés. Enseigner une langue ne peut donc pas et n'a jamais été fait par une approche standardisée et unique. Les méthodes d'enseignement des langues ont changé et évolué avec le temps, reflétant ces changements dans la vie moderne, les théories linguistiques nouvelles et changeantes et en réponse aux meilleures pratiques. Une large part de l'enseignement actuel considère la langue comme un outil de communication et l'expression d'une culture, et a été inspirée par les concepts de compétences translinguistiques et transculturelles comme définies dans le rapport MLA, *Foreign Languages and Higher Education: New Structures for a Changed World.*

Si un étudiant de master apprend une langue afin de lire des articles académiques, ses besoins sont différents d'un employé qui l'apprend afin de travailler avec des collègues ou clients internationaux. Si un étudiant apprend une langue par intérêt ou pour se préparer à un départ dans une université étrangère, ses besoins sont différents d'un étudiant qui se prépare au niveau exigé pour une admission universitaire ou une diplomation. Certains apprenants peuvent vouloir apprendre une langue à travers sa riche littérature, tandis que d'autres préfèrent les livres non-fictifs, les films ou la musique à texte. Certains apprennent mieux en étant assis dans le calme, tandis que d'autres apprennent mieux en faisant une activité physique, seul ou en groupe. La meilleure méthode d'enseignement est toujours celle la mieux adaptée aux besoins et désirs de l'étudiant.

Tandis que traditionnellement les étudiants apprennent une langue dans une salle de classe, ils ont aujourd'hui accès à des technologies, des médias en ligne et aux réseaux sociaux, qu'ils soient dans un environnement traditionnel de salle de classe ou dans un programme entièrement en ligne. L'avantage évident est que les étudiants qui vivent à distance de l'école ou du campus universitaire, ou ceux qui ne peuvent pas voyager ou étudier à l'étranger pour de multiples raisons peuvent toujours être au contact de la langue authentique et de locuteurs natifs.

Une sélection de méthodes d'enseignement

Les méthodes d'enseignement peuvent être basées sur une théorie d'apprentissage des langues. Les méthodes traditionnelles utilisant de nombreuses terminologies ont souligné l'importance de la grammaire, du vocabulaire, de l'écriture, d'exercices structurés, de la répétition, de conversations structurées et de la traduction. Les cours sont aussi souvent basés sur des livres de leçons. Comme l'immersion est généralement considérée comme ayant le plus de probabilités de réussites, des méthodes ont inclus ces dernières années le CLIL, CBI, TPR, TPRS, CI et bien d'autres. Ces méthodes soulignent l'importance de rester autant que possible au contact de la langue cible afin de permettre sa maîtrise, mais aussi l'importance des expériences d'apprentissage naturel et authentique qui reflètent autant que possible l'expérience d'apprentissage de sa langue maternelle. Le plus important est que la méthode soit la meilleure pour l'apprenant selon ses objectifs, son origine linguistique ainsi que le style cognitif et d'apprentissage de l'apprenant.

CLIL (Content and Language Integrated Learning) est un terme fréquemment associé à l'Europe, selon lequel la langue d'instruction est enseignée dans une classe thématique et où l'emphase est mise sur le sujet enseigné comme moyen d'apprendre la langue à travers l'intérêt de l'apprenant pour ce sujet.

CBI (Content-Based Instruction) est similaire à l'usage de la LV1 et LV2 pour différentes matières d'un programme d'immersion, où la langue est utilisée comme un medium d'instruction de sujets spécifiques avec des étudiants capables d'apprendre la langue d'une manière et dans un environnement naturels. On se sert de l'intérêt de l'apprenant pour un sujet comme moyen d'accroître la motivation et les résultats d'apprentissage de la langue.

Le TPR (Total Physical Response) utilise les mouvements et activités physiques pour activer l'apprentissage de la langue et le TPRS (Teaching Proficiency through Reading and Storytelling) se construit à partir du TPR pour enseigner des termes plus complexes et abstraits et des concepts qui ne peuvent être appris ou enseignés à partir du seul TPR. Tandis qu'il promeut une pensée plus complexe et une meilleure expression des idées, il se base sur l'activité physique pour étendre le concept et inclure le récit, l'écriture, etc.

CI (Comprehensible Input), souvent associé aux théories du linguiste Stephen Krashen, est bâti sur l'idée que l'apprentissage de la langue maternelle prend souvent place quand l'enfant comprend la majorité de ce qui est dit et devine ou déduit le reste en utilisant des indices contextuels, etc. Cette méthode tente de reproduire cette expérience dans l'apprentissage d'une seconde langue, où un texte ou une conversation sera un peu au-dessus du niveau de l'apprenant, l'encourageant à progresser vers sa maîtrise.

Le plus important est que la méthode soit la bonne pour l'apprenant et l'un des facteurs les plus importants à considérer est l'âge de l'apprenant. Les adultes, qui apprennent pour différentes raisons, peuvent aborder l'apprentissage différemment des enfants. L'andragogie est le terme souvent utilisé pour décrire et expliquer les besoins éducatifs des adultes. Tandis qu'un adulte apprenant tend à être orienté vers un objectif et est relativement conscient de ses capacités linguistiques, il a souvent moins de temps pour la classe et l'étude à cause de sa famille, son travail et d'autres engagements. Il peut déjà avoir vécu une expérience d'apprentissage infructueuse à l'école. Il est important pour l'enseignant de prendre tous ces facteurs en compte en planifiant ses cours et ses devoirs, tout en gardant un haut niveau d'attente et en fournissant tous les efforts pour que les sessions soient agréables, intéressantes et pertinentes.

Développer une motivation durable pour l'apprentissage des langues

Cependant, tandis que la méthodologie utilisée par les enseignants en langues étrangères est importante, il est aussi essentiel de prendre en compte le point de vue de l'apprenant et notamment sa motivation. L'un des enjeux des langues étrangères aux États-Unis concerne le manque de motivation des anglophones américains pour commencer ou même penser à étudier une langue étrangère ; et moins de 20% des élèves d'écoles publiques et un peu plus de 7% des étudiants d'universités étudient une autre langue. Alors que les éducateurs dotés de compétences et de formations de haut niveau déploient une grande palette de méthodologies soigneusement étudiées, le professionnalisme et l'engagement des enseignants n'atteignent pas la majorité des étudiants américains.

Lorsqu'un étudiant choisit d'étudier une autre langue, sa persévérance à travers un processus relativement long d'apprentissage et ses éventuels succès, ainsi que sa motivation sont essentiels et souvent problématiques quand les anglophones perçoivent leur langue maternelle comme la *lingua franca* et ne parviennent pas à identifier une quelconque raison d'étudier une autre langue.

En discutant de la motivation à apprendre une langue, les termes de « motivation instrumentale » et de « motivation intégrative » sont souvent utilisés. La « motivation instrumentale » se réfère à la motivation centrée sur les objectifs, comme l'atteinte du niveau des exigences scolaires ou l'obtention d'une promotion ou d'une augmentation. La « motivation intégrative » décrit l'apprentissage d'une langue comme l'extension d'un intérêt personnel pour une autre culture. Entre ces deux méthodes, la motivation intégrative est plus étroitement associée à un apprentissage réussi.

Si les États-Unis parviennent à venir à bout de leur déficit linguistique et à profiter des bénéfices sociaux, culturels, économiques et globaux associés au plurilinguisme et si davantage d'Américains apprennent une langue étrangère, alors la motivation intégrative pour commencer et continuer à apprendre une langue doit être développée et soutenue.

Les parents, les communautés, les défenseurs des langues étrangères et les parties prenantes des langues doivent travailler ensemble au développement de l'intérêt pour les cultures et langues étrangères, c'est-à-dire à la motivation intégrative, et ce dès le plus jeune âge. Ils doivent continuer à travailler ensemble pour soutenir les enseignants de langues étrangères dans leur utilisation des différentes méthodes et matériels d'enseignement afin de soutenir cette motivation. Les jeunes générations pourront alors atteindre la maîtrise et notre société deviendra véritablement bilingue.

Chapitre 7
Le potentiel de l'éducation
en deux langues

Comme François Grosjean le dit : « les bilingues sont ceux qui utilisent deux langues (ou dialectes) ou plus dans leur vie quotidienne ». Aux États-Unis, de nombreux bilingues ont grandi en parlant une autre langue à la maison. Ainsi de nombreux Américains considèrent qu'être bilingue signifie parler une autre langue parfaitement, sans accent et avec une maîtrise du niveau de la langue maternelle. Ceci n'est pas une définition tout à fait réelle du bilinguisme dans un contexte où les gens à travers le monde peuvent utiliser une ou plusieurs langues au travail, à l'école, à la maison, dans leur communauté et en cherchant ou prenant connaissance d'informations, d'actualités et de divertissement à travers des médias imprimés, en ligne ou diffusés. Ce n'est pas une situation d'apprentissage "tout ou rien".

Les personnes bilingues peuvent avoir des degrés variés de compétences et de maîtrise de chacune de leurs différentes langues. Cela dépendant de quand et de comment ils l'ont d'abord apprise puis utilisée. Par exemple, un bilingue qui a appris une langue à un âge plus tardif et qui l'utilise principalement passivement, en lisant et écoutant, peut garder un accent dans ses conversations. A l'inverse, un bilingue qui a appris une autre langue étant enfant à la maison peut parler sans accent, mais n'a peut-être pas les compétences commerciales et techniques dans cette langue. Tout comme les individus peuvent utiliser leur langue maternelle différemment, les compétences linguistiques des bilingues varient.

Il est important pour les apprenants de langues et ceux qui y aspirent de comprendre que les objectifs d'apprentissage sont différents selon l'usage voulu de la nouvelle langue : occasionnel ou quotidien, en loisir ou professionnel et si le but est d'étudier à l'étranger ou pour un diplôme avancé dont la langue cible est aussi la langue d'instruction. Avoir des attentes construites et réalistes rend le processus d'apprentissage des langues moins intimidant et peut aussi aider à éviter le découragement et le possible abandon pendant les phases les plus difficiles et les inévitables traversées du désert. Le concept européen du plurilinguisme est plus proche de cette idée avec des attentes réalistes. Il peut être adapté au débat sur l'apprentissage des langues et le plurilinguisme aux États-Unis.

Pourquoi le plurilinguisme est-il important ?

Le plurilinguisme influence l'entièreté de la personne, lui apportant des bénéfices personnels, culturels, professionnels et sociaux. Il a été démontré que l'usage régulier de plus d'une langue repousse le début d'une possible démence, améliore la prise de décision et la résolution de problème. Il a aussi été associé à la tolérance et à la créativité, ainsi qu'à de meilleurs scores et résultats académiques.

Les avantages culturels comprennent la capacité à apprécier la littérature, les films et les musiques à texte dans la version originale, et d'avoir accès à l'actualité et à des médias qui reflètent peut-être une perspective et une vision du monde différentes. Voyager peut prendre une nouvelle dimension, les interactions avec les locaux devenant possibles dans la langue locale.

Alors que le langage est une compétence sociale et communicative, être bilingue ouvre des opportunités d'interactions avec des membres de communautés locales qui peuvent s'exprimer plus facilement dans une autre langue. Si la langue additionnelle est une langue d'héritage, elle ouvre les portes vers un niveau tout autre de compréhension des origines familiales et de l'identité culturelle et personnelle d'un individu.

Le plurilinguisme est important dans le monde du travail. Cela peut être utile lorsqu'une personne aspire à une carrière internationale amenant à l'expatriation, lorsque l'on travaille pour une firme, une organisation internationale, une compagnie ou une organisation avec des clients à l'étranger, ou encore si la communauté locale desservie par une compagnie ou une organisation aux États-Unis a un nombre significatif de locuteurs d'une autre langue.

Les avantages professionnels comprennent la capacité à communiquer avec ses collègues et ses clients dans la langue locale. Dans le cas où la langue officielle et organisationnelle de la firme est l'anglais, de nombreuses conversations et interactions sociales se font probablement dans la langue locale.

Les bénéfices du plurilinguisme touchent aussi les compagnies et les organisations, la diversité ayant été associée à des prises de décisions plus rationnelles et des résolutions de problèmes plus efficaces. Les entreprises multinationales sont les premières à savoir que la maîtrise des langues est essentielle pour comprendre et communiquer avec les managers et les clients à travers le monde. Pour y parvenir, connaître plusieurs langues est essentiel.

Les bénéfices sociétaux du plurilinguisme comprennent des bénéfices locaux, nationaux et mondiaux. Les États-Unis sont et ont toujours été une nation plurilingue et multiculturelle, et comprendre et accepter les autres cultures est un pilier de l'histoire américaine. La communication avec et la compréhension d'autres groupes linguistiques et culturels ne peuvent que favoriser une société plus harmonieuse.

Au-delà des bénéfices locaux et nationaux, la connaissance d'autre langues et cultures est étroitement liée à la compréhension internationale et à la citoyenneté mondiale. La discussion, la prise de décision et la résolution de problèmes liés à des enjeux mondiaux sont meilleures lorsque de nombreuses parties prenantes représentant plusieurs langues participent au processus. Pour cette raison, l'ONU a six langues officielles et beaucoup d'autres organisations internationales ont des langues officielles et directives linguistiques. Il est intéressant d'observer que l'United Nations Academic Impact a lancé le Many Languages One World Essay Contest and Global Youth Forum en 2013 afin de souligner l'importance du plurilinguisme dans la citoyenneté mondiale. Il a rassemblé les étudiants de niveau universitaire vainqueurs à New York, toutes dépenses prises en charge, pour présenter dans une seconde langue apprise les Objectifs de Développement Durable (ODD) de l'ONU dans la salle de l'Assemblée Générale des Nations Unies.

Construire des communautés bilingues

La question de savoir si le plurilinguisme affaiblit un pays est récurrente. Il y a bon nombre d'exemples d'États-nations officiellement bilingues et/ou qui ont plus d'une langue utilisée dans la vie quotidienne et sans risque apparent. Au contraire, l'exemple qui vient tout de suite à l'esprit est le Canada, qui est un cas très intéressant pour plusieurs raisons. En plus de sa frontière et d'un contexte nord-américain partagés avec les États-Unis, le Canada est un partenaire commercial important pour ce voisin. Cependant, le Canada diffère des États-Unis de plusieurs façons, notamment dans sa politique de bilinguisme officielle en anglais et en français qui a existé dans sa forme actuelle pendant le dernier demi-siècle. Un aspect intéressant de ces cinquante années de bilinguisme est le fait que cela fasse suite à deux siècles de relative isolation du Québec par rapport à la France. Le français a non seulement supporté mais aussi su faire face malgré son isolation à une demande de la part des parents, francophones ou non à travers le Canada, de programmes d'immersion en langue française qui surpassait le nombre de professeurs. De plus, Montréal a été classée la ville la plus attractive pour les étudiants internationaux, notamment car les diplômes universitaires de tous niveaux sont disponibles en anglais et en français. Comme elles sont les langues officielles du pays et font aussi partie des trois langues les plus utilisées dans le commerce international, le Canada pourrait bien avoir un avantage comparatif par rapport aux États-Unis.

Tandis que l'impact économique potentiel du plurilinguisme est souvent mentionné, il est intéressant d'observer que la Suisse, un autre pays avec plus d'une langue officielle (trois en l'occurrence : le français, l'allemand et l'italien, plus une langue additionnelle, le suisse roman), est classée première au *Global Competitiveness Index*, suivie des États-Unis en seconde position. En termes de compétition mondiale, la Suisse a été première en 2017-2018, suivie des États-Unis.

Il est extrêmement clair que, pour des raisons économiques et de sécurité nationale ainsi que pour des raisons de bénéfices personnels, professionnels et sociétaux, le développement de compétences en langues étrangères est important pour notre société, pour chacun de nous personnellement et, plus important encore, pour nos enfants, aussi bien ceux des générations actuelles que futures.

La vraie question est comment ?

Face à une réticence généralisée envers l'apprentissage des langues étrangères aux États-Unis, il est véritablement nécessaire pour les éducateurs en langues étrangères, leurs défenseurs, parties prenantes et soutiens d'adopter une approche proactive et dynamique, agissant à travers les associations professionnelles. Ils doivent aussi agir individuellement, comme des agents du changement, dans les familles et les communautés, en ligne et sur les réseaux sociaux et dans un débat public plus large, soutenant les langues étrangères et convainquant les gens un par un, en tenant compte de l'urgence de cette question pour nos enfants, nos communautés et notre monde.

Les bénéfices du plurilinguisme et de l'alphabétisation multiple devenant plus clairs pour les chercheurs, notamment l'impact du plurilinguisme sur l'amélioration cognitive, l'esprit critique et la compréhension des autres et de leurs cultures, il est également important de trouver des façons d'inspirer et de motiver les parents à devenir des défenseurs des langues. Ces personnes ne seront pas seulement des défenseurs de l'éducation en deux langues, mais aussi de vrais pionniers voulant engager un changement positif dans leurs sociétés et réenchanter l'image des écoles publiques. Ils devront aussi promouvoir une vie communautaire dynamique (socialement, économiquement, culturellement) et une compréhension et un respect mutuels envers les groupes minoritaires et les personnes d'origines sociolinguistiques et économiques variées. Ceci est le chemin pour venir à bout du schéma selon lequel recevoir une bonne éducation est sujette aux ressources et au statut du foyer.

Les objectifs de l'immersion en deux langues

Selon le Center for Applied Linguistics (CAL), « les objectifs de l'éducation en deux langues sont le développement par les étudiants de hauts niveaux de fluidité et d'alphabétisation dans les deux langues du programme, l'atteinte de hauts niveaux de résultats académiques et le développement d'une appréciation et d'une compréhension des cultures diverses. »

Le processus de prise de décision d'une communauté, d'un district scolaire ou de la famille d'un étudiant est logiquement centré sur les bénéfices du plurilinguisme pour l'apprenant et pour la communauté, et par extension, notre société.

Il est connu que les bénéfices personnels et professionnels des compétences en langues étrangères incluent des avantages culturels et cognitifs, de la créativité, ainsi que de potentiels revenus plus élevés et une meilleure employabilité, et que les étudiants des programmes d'immersion ont tendance à démontrer de plus hauts niveaux de résultats académiques. Cependant, les bénéfices sociaux, socioculturels et sociétaux du plurilinguisme ne sont pas toujours aussi fréquemment pris en compte et débattus.

Tandis qu'il est relativement simple pour n'importe quelle personne intéressée d'en connaître davantage sur des manifestations culturelles extérieures (fêtes, festivals, cuisine, musique, danse, costumes traditionnels, etc.), il est beaucoup plus difficile d'apprendre les valeurs et croyances sous-jacentes d'une culture. Apprendre sur la culture visible ou la partie émergée de « l'iceberg culturel », une métaphore rendue célèbre par l'anthropologue Edward T. Hall, doit mener à l'apprentissage des aspects moins visibles d'une culture si une véritable compréhension interculturelle doit être développée.

Les professeurs de langues étrangères se sont souvent considérés comme des enseignants de compétences interculturelles et le MLA a défini les compétences translinguistiques et transculturelles comme des objectifs de l'apprentissage des langues étrangères. Cependant, l'éducation immersive, où une autre langue est apprise à un âge relativement précoce, notamment dans les programmes d'immersion en deux langues où les locuteurs natifs des deux langues sont présents, offre la meilleure opportunité aux étudiants de gagner en même temps des compétences culturelles et en communication dans cette langue.

Tandis que les compétences en langues étrangères sont certainement la première étape de l'apprentissage d'une langue d'origine, que cela soit dans une classe traditionnelle ou d'immersion en deux langues, interagir avec des locuteurs natifs (comme cela est la norme dans un environnement d'immersion en deux langues quand l'apprenant développe ses compétences en langues et en communication) est une méthode infiniment plus efficace pour développer des compétences interculturelles.

En apprenant des langues et cultures à un jeune âge dans une classe d'immersion en deux langues, les étudiants peuvent développer des compétences linguistiques et les connaissances interculturelles nécessaires pour voyager, étudier à l'étranger, entamer des carrières transnationales et naviguer de façon efficace dans leur propre société de plus en plus plurilingue.

De plus, les compétences linguistiques et les connaissances culturelles font partie des compétences globales nécessaires aux jeunes pour prendre part, apprécier les cultures du monde et accepter leur rôle et responsabilités de citoyens mondiaux capables de faire face à des enjeux mondiaux complexes avec une compréhension de visions du monde extrêmement différentes.

Aujourd'hui, de plus en plus de filières bilingues ou plurilingues sont créées à la fois pour les apprenants en anglais, mais aussi pour les anglophones pour qui cette dernière est la première langue. Ceci s'explique en partie par le fait qu'enseigner les langues aux enfants les rend plus compétitifs dans une économie mondiale. De plus, cela consolide leur capacité à apprendre d'autres langues étrangères, à mieux écouter en classe, à avoir de meilleures compétences en lecture et même à obtenir de meilleurs résultats en mathématiques. Ces filières permettent aux étudiants de bénéficier du plurilinguisme, quelles que soient les compétences linguistiques héritées.

Depuis quelques années, ces filières ont évolué vers des modèles d'éducation linguistique plus concentrés sur les bénéfices du plurilinguisme pour les enfants qui parlent ou non une autre langue, plutôt que sur les besoins des immigrants.

Les filières bilingues aux États-Unis existent dans de nombreuses langues. Si l'anglais est toujours l'une des deux langues, nous pouvons trouver des cours en espagnol, chinois, coréen, français, japonais, allemand, russe, portugais, arabe, italien, cantonais, hmong, bengalais, urdu, créole, cup'ik ou ojibwe, pour n'en citer que quelques-uns. On peut même trouver une filière bilingue en langue des signes américaine. Chacune de ces langues reflète l'esprit de la communauté à laquelle elle est liée, sa diversité, ses intérêts et son désir partagé de réussite de ses enfants. En créant ces liens, chaque communauté contribue à rendre les États-Unis plus compétitifs à la fois dans l'éducation et pour l'économie.

L'éducation en deux langues implique différents éléments pour différentes personnes. Certains veulent l'accès à l'anglais et les opportunités qu'il apporte. D'autres veulent soutenir leur héritage et utiliser l'éducation en deux langues comme un moyen d'y parvenir. Certains sont intéressés par les bénéfices du plurilinguisme pour le développement cognitif. D'autres cherchent l'acquisition d'une seconde, troisième, voire quatrième langue pour les opportunités et avantages professionnels qu'elle apportera. Finalement, ces perspectives partagent le même objectif : créer une société plurilingue avec un meilleur accès aux langues et aux cultures.

L'éducation plurilingue aux États-Unis a plusieurs facettes. Aucune loi fédérale ne régule les contenus académiques. Chaque école de district est responsable de sa propre pédagogie, tandis que les critères sont décidés au niveau de l'État. Cependant, le nombre et la variété des filières linguistiques pourraient surprendre les parents et éducateurs qui souhaiteraient mettre en place ces programmes dans leurs communautés.

Il est essentiel que nous essayions de concilier ensemble ces différentes perspectives, ce qui assurera la création d'autres programmes en deux langues afin de générer de plus grandes opportunités pour tous les enfants. Être bilingue n'est plus superflu ou le privilège de quelques-uns. Être bilingue n'est plus un tabou pour les immigrés qui souhaitent tellement que leurs enfants s'intègrent sans problèmes dans leur nouvel environnement. Être bilingue est la nouvelle norme et cela doit commencer par nos plus jeunes citoyens.

Les compétences en langues ont de nombreux avantages, notamment personnels, sociaux et culturels, ainsi que professionnels, d'avancement de carrière et sur le lieu de travail. La connaissance et l'usage de plus d'une langue ont été associés à la créativité (Kharkhurin, 2012 ; Commission Européenne, 2009), la résolution de problèmes (Academy of Finland, 2009), le fait d'être un meilleur employé ou travailleur (Hogan-Brun, 2017) et à l'acuité mentale (Bialystok, 2012). Les compétences linguistiques et les connaissances culturelles améliorent le capital humain et apportent des bénéfices économiques et sociaux. De plus, les compétences en langues étrangères et la connaissance d'autres cultures jouent un rôle significatif dans le développement d'une pensée globale et de valeurs de citoyenneté mondiale (Gunesch, 2008).

Le plurilinguisme est une compétence de plus en plus essentielle. Le commerce international et la mondialisation ont donné plus de valeur à l'avantage plurilingue. Les organisations commerciales ont besoin de stratégies linguistiques afin de mieux valoriser les compétences en langues et les connaissances culturelles qui sont de vrais talents globaux. La réalité est que 75% de la population mondiale ne parlent pas anglais (British Council, 2013), ce qui représente une opportunité immense pour les individus plurilingues. De plus, un pourcentage croissant des plus grandes organisations mondiales, aux bases salariales de dizaines de millions, est situé en dehors des parties du monde majoritairement anglophones.

Non seulement la mondialisation a permis l'émergence d'un monde plus interconnecté, mais en plus des millions de citoyens américains parlent une autre langue que l'anglais à la maison, rendant plus important que jamais le fait de valoriser la diversité aussi bien dans le monde que dans nos communautés. Réduire la segmentation sociale, élargir la base et créer un environnement d'inclusion peuvent en effet accroître les opportunités, l'ouverture et le bien-être sociétaux.

Tout comme le plurilinguisme peut être lié à la créativité et à la résolution de problèmes par un individu, la diversité, y compris linguistique, a été liée à la créativité et à la résolution de problèmes dans les équipes transnationales et plurilingues (Livermore, 2016 ; Florida, 2008 ; Elgar, 2014). Ce ne sont pas, comme on s'y réfère souvent à tort, des « compétences personnelles ». Elles représentent plutôt des compétences commerciales essentielles à la communication transculturelle nécessaire pour réussir et évoluer dans un monde multiculturel et plurilingue.

Une langue commune a été liée à plus d'échanges et un plus haut PIB dans l'Union Européenne et dans le monde francophone (FERDI, n.d.). En Grande-Bretagne, au Canada, en Suisse et dans l'UE, les compétences linguistiques ont été liées à la fois à de plus hauts revenus et une employabilité à la fois meilleure et continue, même dans le cas de coûts plus élevés.

Le plurilinguisme, soutenu et guidé par la défense des langues étrangères, peut aussi créer de la croissance et des opportunités économiques. Les personnes plurilingues, qu'elles soient en Amérique, en Afrique, en Europe ou en Asie, ont davantage accès à la mobilité économique et sont confrontées à des coûts d'opportunité moins importants quand elles quittent un endroit pour un autre. Constituer une riche mosaïque d'idées, de personnes et de cultures plurilingues apporte la fondation pour l'innovation que les nations, les entreprises et les individus voient comme les clés d'un succès durable.

Une politique de défense des langues étrangères complète doit répondre à ces défis. La défense efficace doit tenter d'induire des opportunités pour commencer l'étude des langues étrangères à un jeune âge et soutenir l'étude continue d'une ou plusieurs langues jusqu'à leur maîtrise voire leur aisance. Pour atteindre cet objectif, nous avons besoin de poursuivre une politique résolument favorable au plurilinguisme en affirmant l'importance de la maîtrise de deux langues étrangères par chaque étudiant. Il existe de grands exemples à suivre, en commençant par les recommandations de l'Union Européenne qui appelle à des efforts continus pour « améliorer la maîtrise des compétences de base, y compris l'enseignement d'au moins deux langues étrangères dès le plus jeune âge » (Barcelone, 2002 ; Commission Européenne, 2012).

Les principales réformes ayant marqué le paysage éducatif en 2013, 2016 et 2017 ont été en accord avec le Plan de Rénovation de 2006. Elles ont renforcé la place des langues dans la fondation essentielle de l'apprentissage, souligné l'importance de la communication orale et promu plus d'éducation dès le plus jeune âge. La fondation commune des connaissances, des compétences et cultures, renouvelée en 2016, inclut l'apprentissage des langues dans les aires linguistiques.

La clé du succès est un partenariat de défense entre éducateurs, parents et d'autres parties prenantes des langues étrangères. Il est important de souligner les bénéfices personnels, sociaux, de carrière et économiques du plurilinguisme et de l'alphabétisation multiple. Avec le soutien des structures comme des organisations multinationales de premier plan, des ONG mondiales et des publications commerciales prestigieuses comme l'*Harvard Business Review*, il n'y a plus aucun doute. Le futur du succès et de la réussite d'un individu, d'une entreprise, d'une nation, se trouve dans le plurilinguisme.

Chapitre 8
L'importance mondiale du plurilinguisme

Bien que les États-Unis ait toujours été une nation d'immigrants, relativement peu d'Américains parlent une autre langue que l'anglais et la plupart de ceux qui en parlent une autre sont des arrivants relativement récents et leurs familles. Ce paradoxe linguistique américain est construit sur le fait que, tout comme le monde et le lieu de travail sont devenus beaucoup plus mondialisés et interconnectés, moins d'étudiants américains étudient des langues étrangères notamment au niveau universitaire.

Les enseignants de langues étrangères ont longtemps souligné l'importance des compétences en langues étrangères et des connaissances culturelles et ont défendu leur apprentissage. Dès 1940, Gilbert C. Kettelkamp a écrit dans "A Factor in Presenting Our Product" que « si les professeurs de langues étrangères croient en leur produit, ils doivent être prêts à utiliser tous les moyens disponibles en le présentant à leur public. » En 1956, Mario Pei a écrit dans *Language for Everybody* que la connaissance d'autres langues « élargit son horizon et rend accessibles les trésors de la pensée du monde. » En 1961, Theodore Huebener a écrit dans *Why Johnny Should Learn Foreign Languages?* que « malgré l'intérêt populaire commun pour les langues étrangères, de nombreuses administrations éducatives ont minimé à travers les années leur importance dans nos programmes. » En 2008, dans *Educating Global Citizens in Colleges and Universities*, Peter Stearns a écrit que « l'hostilité générale [des Etats-Unis] envers l'apprentissage sérieux des langues étrangères est presque devenue légendaire. »

Le plus récent sondage du MLA publié en 2018 sur les inscriptions commence par « entre l'automne 2013 et celui de

2016, les inscriptions en langues autres que l'anglais ont diminué de 9,2% dans les universités américaines. »

Le gap entre l'importance reconnue des compétences et de l'apprentissage des langues étrangères et le nombre d'étudiants inscrits au niveau universitaire est évident. Depuis que le MLA a commencé à surveiller l'évolution des inscriptions en 1960, le pourcentage d'étudiants universitaires a diminué de plus de moitié en passant de 16,2% en 1960 à 7,5% en 2016, l'année la plus récente pour laquelle les chiffres sont disponibles. Une campagne pour les langues étrangères est nécessaire si nous voulons faire progresser à la fois la prise de conscience et la motivation des étudiants et des parents, mais aussi les financements afin d'élargir l'accès et soutenir la formation des professeurs.

La défense des langues étrangères aux États-Unis

Le débat actuel sur les langues étrangères aux États-Unis a commencé avec un rapport de 1979 *Strength through Wisdom: A Critique of U.S. Capability: A Report to the President from the President's Commission on Foreign Language and International Studies*, et la publication l'année suivante par le Sénateur Paul Simon de *The Tongue-Tied American: Confronting the Foreign Language Crisis*.

Le gouvernement des États-Unis a soutenu le développement des compétences nécessaires en langues à travers de nombreuses initiatives, comme le National Security Education Program créé en 1991 par le National Security Education Act, et l'initiative essentielle des langues. Les auditions du Congrès, notamment *The State of Foreign Language Capabilities in National Security and the Federal Government* (2000), *Closing the Foreign Language Gap: Improving the Federal Government's Foreign Language Capabilities*

(2010), et *A National Security Crisis: Foreign Language Capabilities in the Federal Government* (2012), ont souligné le manque de compétences en langues étrangères. En 2010, le directeur de la CIA Leon Panetta a appelé à un engagement national pour l'étude des langues étrangères et la Secrétaire à l'Éducation Arne Duncan a rappelé le besoin de plus de financements pour l'éducation en langues étrangères. Enfin, le Représentant Rush Holt a présenté une législation qu'il a introduite pour accroître les fonds fédéraux pour l'éducation linguistique au Foreign Language Summit en 2010. De nombreux rapports de GAO, notamment le *Foreign Language Capabilities: Departments of Homeland Security, Defense, and State Could Better Assess Their Foreign Language Needs and Capabilities and Address Shortfalls* (2010), ont montré le besoin de compétences en langues étrangères dans le Gouvernement Fédéral.

Au sein de la communauté professionnelle de l'éducation linguistique, le rapport de 2007 du MLA *Foreign Languages and Higher Education: New Structures for a Changed World* a décrit l'urgence de compétences translinguistiques et transculturelles dans un monde globalisé, et a appelé à des collaborations interdisciplinaires et à travers toute la scolarité. Après plus de 10 ans, l'approche Languages for Specific Purposes (LSP), incluant les Business Language Studies (BLS), a été un domaine d'études à succès, tout comme des programmes préprofessionnels et thématiques.

D'autres rapports, notamment *Securing America's Future: Global Education for a Global Age* (2003), *Education for Global Leadership: The Importance of International Studies and Foreign Language Education for U.S. Economic and National Security* (2006), *International Education and Foreign Languages: Keys to Securing America's Future* (2007), *What Business Wants: Language Needs in the 21st Century* (2009), et *Not Lost in Translation: The Growing Importance of Foreign Language Skills in the U.S. Job Market* (2017) décrivent et évaluent les besoins en compétences linguistiques et l'impact du déficit américain en langues étrangères sur notre sécurité nationale et économique.

Les enseignants de langues étrangères sont depuis longtemps des défenseurs de leur apprentissage. Leurs associations professionnelles aux niveaux étatique, régional et national, comprenant l'American Association of Teachers of French (AATF), Central States Conference on the Teaching of Foreign Languages (CSCTFL), l'American Council on the Teaching of Foreign Languages (ACTFL) et de nombreuses autres, ont des groupes de défense. Le World Languages and Global/Workforce Initiative du Département d'Éducation de Géorgie (GADOE) est un excellent exemple de leadership étatique dans la défense des langues.

« Diriger avec les langues » est une campagne nationale lancée en 2017 au moment de la publication du rapport AMACAD, *America's Languages: Investing in Languages for the 21st Century*. Ses objectifs sont d'accroître les inscriptions, consolider les programmes linguistiques, faire participer les décideurs et initier une prise de conscience. Une autre campagne à succès est la Révolution Bilingue, avec des programmes d'immersion en deux langues dans une douzaine de langues au sein des écoles publiques de New York et d'ailleurs.

Au-delà des États-Unis, l'Union Européenne a promu l'apprentissage des langues en accord avec ses valeurs fondamentales du plurilinguisme. Par ailleurs, le Royaume-Uni a promu l'apprentissage des langues à travers le *British Academy Languages Programme*, une collaboration sur la série « The Case for Language Learning » dans le *Guardian*, le rapport du British Council *Languages for the Future* (2013, 2017), le *CBI/Pearson Education and Skills Survey*, et un nouveau programme national de langues étrangères (2016). En Irlande, un nouveau plan sur dix ans pour améliorer les capacités en langues étrangères post-Brexit a été lancé, se basant sur un rapport de Forfas de 2005, *Language and Enterprise: the Demand and Supply of Foreign Language Skills in the Enterprise Sector*. L'Australie a développé un plan de secondes langues, l'activité du monde anglophone confirmant le déficit linguistique mondial de ses pays. De nombreux gouvernements soutiennent l'apprentissage des langues au-delà de leurs frontières comme partie intégrante de leur diplomatie culturelle. La campagne « Et en plus, je parle français » lancée par l'Institut Français en est un exemple.

Le Many Languages One World Essay Contest and Global Youth Forum (MLOW), lancé en 2013 par l'United Nations Academic Impact, vise à souligner l'importance du plurilinguisme dans le développement de la citoyenneté mondiale et à encourager l'étude des six langues officielles de l'ONU.

Les étudiants universitaires à temps plein peuvent soumettre un essai sur un thème donné lié au rôle du plurilinguisme dans la citoyenneté mondiale, dans une deuxième langue apprise qui est aussi l'une des langues officielles de l'ONU. Les finalistes font un entretien par Skype pour confirmer leurs compétences linguistiques et les vainqueurs sont invités, toutes dépenses prises en charge, à New York où ils ont l'opportunité de participer à un forum mondial des jeunes sur un campus universitaire local. Ils y interagissent comme une communauté mondiale tout en travaillant ensemble dans leurs groupes de langues, préparant leurs présentations sur un des principes de l'UNAI (2014) ou un des Objectifs de Développement Durable (2015-2017) de l'ONU. Le point d'orgue de cette semaine aux États-Unis est l'opportunité de présenter leurs travaux dans le hall de l'Assemblée Générale des Nations Unies, toujours dans la seconde langue, celle de leur essai vainqueur.

Les interactions entre les étudiants vainqueurs représentant des pays du monde entier sont intéressantes à observer. Elles démontrent l'habilité qu'ont des individus de diverses cultures à surmonter les barrières linguistiques et culturelles afin de communiquer et de se rassembler en communauté. Que ce soit dans leurs interactions sociales quotidiennes ou lors des réunions de travail des équipes transnationales, les échanges sont possibles par le vecteur d'une langue apprise. Cette expérience seule démontre l'extraordinaire apport en termes d'ouverture et de développement (personnel et professionnel) que procure l'apprentissage de langues étrangères.

Le développement d'amitiés de long terme après seulement une brève mais intense semaine en groupe est l'aspect le plus inspirant du MLOW, confirmé par les rapports sur les réseaux sociaux et les invitations à des mini-réunions locales et à des rencontres à des conférences internationales. De nombreux vainqueurs du MLOW ont aussi poursuivi avec succès des études ou sont rentrés dans le monde du travail, où leur plurilinguisme était un élément important de leurs compétences. Dans le contexte de l'ONU, le MLOW est un exemple de grande visibilité montrant la capacité du plurilinguisme à développer et promouvoir des compétences et des valeurs de citoyenneté mondiale.

En général, le MLOW donne de parfaits exemples de nombreux étudiants à travers le monde ayant développé des compétences linguistiques impressionnantes dans des langues à la fois étroitement liées et en apparence complètement étrangères à leur langue maternelle, et ce à travers une variété d'expériences d'apprentissage. Une caractéristique partagée par tous les vainqueurs du MLOW est leur haut niveau de motivation pour l'apprentissage des langues démontré par leur expertise dans de multiples langues et un haut degré d'autodiscipline, prouvé par le fait même qu'ils aient choisi de participer à cette compétition et d'écrire un long essai sur un sujet relativement abstrait malgré leur emploi du temps chargé d'étudiants universitaires.

Les applications locales de l'expérience MLOW peuvent comprendre, entre autres, des conférences étudiantes et des présentations sur les ODD, des concours d'essais dans une seconde langue apprise, des présentations par des étudiants internationaux ou récemment revenus d'études à l'étranger sur des thèmes pertinents, ou encore l'usage de technologies pour offrir aux étudiants l'opportunité de débattre des enjeux mondiaux avec des étudiants d'autres pays ou régions.

Une frustration exprimée par de nombreux étudiants anglophones et monolingues américains est leur incapacité à « participer au changement » ou conversation mondiale. Le MLOW montre qu'il est possible d'atteindre le plurilinguisme grâce à la motivation et l'effort. Le MLOW montre que des ponts vers le futur, la réussite et entre les cultures sont possibles grâce au plurilinguisme.

Le plurilinguisme et notre identité

En plus de faire partie des compétences globales, le plurilinguisme fait partie de notre identité personnelle et historique en tant qu'Américains. Les compétences plurilingues et les connaissances culturelles font certainement partie des compétences globales. En apprenant une autre langue, nous développons une capacité à mieux comprendre une autre culture, non seulement à travers sa littérature et ses médias, mais aussi à travers les conversations avec les autres et la communication directe sans la barrière d'une traduction ou d'une interprétation. Nous sommes mieux capables d'observer et de comprendre comment différentes cultures réagissent différemment à une situation, un sujet ou une tâche et de mieux comprendre les autres visions du monde.

La langue fait partie de ce que nous sommes, de notre identité personnelle et culturelle. La possibilité de retenir une langue parlée dans le foyer ou d'apprendre de nouveau une langue d'héritage partiellement ou complètement perdue dans le « melting pot » bénéficierait à la société non seulement en termes de meilleures compétences globales et d'état d'esprit, mais aussi en termes de développement de la personnalité individuelle de chacun et de communication dans nos familles et au sein de notre société.

Comme la diversité, surtout linguistique et culturelle, a aussi été liée à la créativité et à la résolution effective de problème, encourager le plurilinguisme revient aussi à encourager la pensée divergente et y apporte la possibilité de nouvelles approches à la résolution de problèmes de long-termes et aux enjeux locaux et mondiaux nouveaux.

Il est important de se souvenir que des millions d'Américains parlent une autre langue que l'anglais à la maison et que beaucoup plus d'entre nous ont des degrés variés de maîtrise de langues familiales ou d'héritage, allant de l'aisance aux compétences de communication de base ou même quelques mots. De plus, de grandes parties des États-Unis ont historiquement été le foyer d'une variété de langues européennes ou autres (avec des noms de lieux restant souvent les seuls signes d'une autre communauté visibles par les étrangers) ou celui de communautés linguistiques locales. En échouant à promouvoir le plurilinguisme et l'apprentissage des langues étrangères, nous nous privons du plaisir et des leçons de notre histoire.

Le soft power a été défini comme « une approche persuasive des relations internationales, comprenant typiquement l'usage de l'influence économique ou culturelle » (*Oxford Dictionary*, n.d.). La langue est bien entendu un élément de soft power, qui apporte influence et opportunité aux nations, aux organisations et à ceux possédant la maîtrise ou l'aisance dans ladite langue. L'empreinte mondiale du français et de l'anglais et l'usage international de l'espagnol et du portugais sont des héritages du passé colonial. Le russe est souvent étudié dans les régions sous ancienne influence soviétique. Enfin, le chinois est fréquemment étudié à travers l'Asie. En 2017, la France était le pays le plus visité au monde, attirant près de 90 millions de visiteurs et classée première en termes de soft power (Gray, 2017).

Le cadre de la défense des langues étrangères

Les défenseurs des langues étrangères peuvent se trouver dans les entreprises et les industries, au gouvernement et parmi les enseignants de langues étrangères. Afin d'être efficace, la défense des langues étrangères doit être basée sur des faits et des données, mais plus important encore, elle doit être proactive, personnelle, et en proche collaboration avec les communautés et les parties prenantes des langues étrangères.

Tandis que la conversation actuelle sur le déficit linguistique aux États-Unis a commencé avec la publication de *The Tongue-Tied American* par le Sénateur Paul Simon en 1980, la défense actuelle des langues étrangères est conçue à partir du *Foreign Languages and Higher Education: New Structures for a Changed World* (MLA, 2007). Ce rapport a redynamisé le débat grâce à son emphase sur les compétences translinguistiques et transculturelles en tant qu'objectifs et sur l'importance de chemins multiples de collaborations entre les majeures universitaires et les écoles primaires et secondaires. Il fait des compétences en communication et connaissances culturelles les objectifs de nombreuses majeures de langues étrangères. Enfin, il souligne l'importance de se baser sur les compétences déjà acquises avant l'université.

D'autres rapports apportent les bases de la défense actuelle comprennent, comme (en ordre antichronologique) :

- *Enrollments in Languages Other Than English in United States Institutions of Higher Education* (2018)

- *The National K-12 Foreign Language Enrollment Survey Report* (2017)

- *America's Languages: Investing in Language Education for the 21st Century* (2017)

- *Not Lost in Translation: The Growing Importance of Foreign Language Skills in the U.S. Job Market* (2017)

- *A National Security Crisis: Foreign Language Capabilities in the Federal Government* (Senate Hearing, 2012)

- *Are Students Prepared for a Global Society?* (2011)

- *International Education and Foreign Languages: Keys to Securing America's Future* (2007)

- *Education for Global Leadership: The Importance of International Studies and Foreign Language Education for U.S. Economic and National Security* (2006)

- *Securing America's Future: Global Education for a Global Age* (2003)

Les perspectives venant par-delà des États-Unis comprennent :

- *Languages for the Future* (2013, 2017) - Royaume-Uni

- *Key Data on Eurydice Report Teaching Languages at School in*

Europe (2017) - Commission Européenne

- CBI/Pearson Education and Skills Survey 2017 - Royaume-Uni

- *The Costs to the UK of Language Deficiencies as a Barrier to UK Engagement in Exporting* (2014) - Royaume-Uni

- *Languages: The State of the Nation* (2013) - Royaume-Uni

- *Study on the Contribution of Multilingualism to Creativity* (2009) - Commission Européenne

- *Languages and Enterprise: The Demand & Supply of Foreign Language Skills in the Enterprise Sector* (2005) - Irlande

Le débat actuel sur la défense des langues étrangères a commencé en 1979 avec le rapport *Strength through Wisdom*, suivi en 1980 par celui du Sénateur Paul Simon's *The Tongue-Tied American*, lorsque les inscriptions en langues étrangères au niveau universitaire avaient diminué précipitamment. Le National Security Education et le programme de bourses Critical Languages ont suivi au Royaume-Uni les initiatives linguistiques de la British Academy et du British Council.

Aux États-Unis, le rapport de la MLA de 2007 *Foreign Languages and Higher Education: New Structures for a Changed World,* par son emphase sur les compétences translinguistiques et transculturelles, a initié la prochaine étape du débat sur les langues étrangères. Il a été suivi de *America's Languages* et de *National K-12 Foreign Language Enrollment Survey* et du sondage d'inscriptions du MLA en 2017 et 2018. Les associations professionnelles d'éducation en langues étrangères ont développé et implanté des campagnes de défense, mais beaucoup reste à faire.

Bâtir les compétences linguistiques dont nous avons besoin

Afin de bâtir les compétences en langues étrangères dont nous avons besoin, un changement de paradigme dans l'approche de l'apprentissage des langues étrangères est nécessaire et la défense des langues étrangères est essentielle.

Chercher à motiver davantage d'étudiants à commencer l'étude d'une ou plusieurs langues étrangères jusqu'à leur maîtrise (voire l'aisance) est nécessaire. Afin de créer et soutenir cette motivation, les soutiens parentaux, scolaires et communautaires sont essentiels. De plus, les opportunités d'étude continue des langues étrangères à travers des cursus et des collaborations dans les écoles primaires et secondaires, ainsi que la formation des professeurs doivent être étendues. Les programmes de langues d'héritage et bilingues offrent la meilleure chance d'atteindre la maîtrise. Quant à l'immersion, elle est la méthode la plus à même de mener à des résultats d'apprentissage probants.

Dans l'enseignement supérieur, les programmes de langues étrangères préprofessionnels et les partenariats avec les parties prenantes d'initiatives en langues étrangères pour développer des chemins de carrière sont cruciaux.

Pour ce faire, la défense des langues étrangères sous forme de campagne est essentielle. Les groupes d'éducateurs, de parents et de communautés, et les parties prenantes des initiatives en langues étrangères dans les entreprises et le gouvernement doivent travailler ensemble pour initier une résurgence des langues étrangères. De plus, les collaborations interdisciplinaires parmi les éducateurs et entre les écoles primaires et secondaires doivent être encouragées.

Une fois qu'une alliance avec une large base des parties prenantes des langues étrangères a été établie, la campagne doit être stratégique et conçue à partir de la psychologie d'influence et de management du changement. Cela doit commencer par « un sens de l'urgence » et un marketing social et/ou de cause pour promouvoir l'apprentissage des langues en tant que bien public. En plus de son rôle dans la réussite personnelle et professionnelle, le plurilinguisme permet aux personnes possédant des compétences en langues étrangères et des connaissances culturelles de travailler ensemble pour traiter efficacement des problèmes sociaux complexes à la fois locaux et mondiaux.

Le plurilinguisme et les Objectifs de développement durable

Lancé en 2013 comme une initiative du United Nations Academic Impact, le Many Languages One World Essay Contest and Global Youth Forum (MLOW) cherche à souligner le rôle du plurilinguisme dans la citoyenneté mondiale et à promouvoir une étude continue des langues officielles de l'ONU. Il invite les étudiants universitaires du monde entier à soumettre des essais sur un sujet donné lié aux principes du UNAI et aux ODD dans une seconde langue apprise qui doit aussi être l'une des six langues officielles de l'ONU (Many Languages One World, n.d.).

Les finalistes sont invités à un entretien dans la langue de leurs essais et les gagnants, dix pour chacune des six langues officielles, sont conviés à New York où ils ont l'opportunité de présenter leurs travaux dans la langue de leur essai dans le Hall de l'Assemblée Générale des Nations Unies.

La camaraderie témoignée parmi les étudiants du monde entier pendant leur séjour à New York, sur les réseaux sociaux et dans de nombreuses mini-réunions locales est remarquable et inspirante.

Chapitre 9
Valoriser les communautés pour un futur plurilingue

Tandis que l'idée d'une *lingua franca* mondiale a la force de sa simplicité, cela n'est pas sans risque en termes de pertes culturelles pour les langues qui ne sont pas cette *lingua franca*. De plus, la langue choisie perd elle-même de ses éléments les moins utilisés à mesure qu'elle est parlée par de plus en plus de locuteurs non-natifs. Il y a aussi le dilemme moral du pouvoir absolu, dans ce cas, le pouvoir et l'influence d'une *lingua franca* mondiale qui « corrompt absolument » (Acton Institute, n.d.). De plus, les objectifs de compétences culturelles et de communication transcendent les mythes (Grosjean, 2010) sur le plurilinguisme, qui incluent la nécessité de la maîtrise parfaite de la langue et l'absence d'accent. Ils offrent un chemin pragmatique vers le plurilinguisme.

Des décisions doivent être prises par des éducateurs, des entreprises, le gouvernement, et surtout les familles et les parents, en travaillant ensemble de façon collaborative et partenariale pour assurer les meilleurs présent et futur à leurs enfants. La question n'est plus qu'un Américain anglophone apprenne une langue « étrangère » de façon sporadique au lycée et/ou à l'université ; la question est désormais celle d'un plurilinguisme réciproque, où nous serions tous à la fois des locuteurs natifs et des apprenants d'une deuxième langue afin de réduire la segmentation sociale et d'accroître le bien-être dans son ensemble (Caminal, 2016).

Les éducations bilingues et en immersion font partie des moyens les plus efficaces pour remédier au déficit de langues étrangères des États-Unis et pour développer les compétences linguistiques dont nous avons besoin dans nos communautés plurilingues. Gross (2016) confirme qu'il y a plus de 2000 programmes d'immersion en deux langues aux États-Unis.

Bien que l'éducation en deux langues diffère de l'enseignement traditionnel d'une langue seconde/étrangère par son usage de la langue comme un moyen d'instruction plutôt que de l'appréhender comme un sujet en soi (Garcia, 2009), les parties prenantes de l'enseignement des langues étrangères comprennent des parents et des communautés, des entreprises, le gouvernement et des professeurs de langues étrangères venant aussi bien des environnements d'apprentissage traditionnel que d'immersion.

En analysant les accomplissements des étudiants et le plurilinguisme dans les programmes en deux langues, Lindholm-Leary (2016) a conclu qu'aussi bien le plurilinguisme que la réussite des élèves bénéficiaient de ces programmes, avec à la fois des progrès vers le plurilinguisme et une réussite personnelle comparable ou plus élevée que celle des étudiants dans des programmes monolingues. Cependant, la continuation de l'instruction en deux langues au-delà de l'école élémentaire reste à la fois un défi et un but à accomplir.

Un apprentissage précoce, continu et progressif est essentiel au développement effectif des compétences en langues étrangères. Les programmes d'immersion en école élémentaire et même dans les établissements préscolaires sont absolument nécessaires, tout autant que des opportunités pour tous les apprenants intéressés par le fait de commencer ou de continuer à apprendre une langue étrangère.

Fortune (2018) souligne le fait que l'impact du plurilinguisme n'est pas totalement quantitatif ou basé sur les compétences, expliquant que « devenir bilingue mène à de nouvelles façons de se conceptualiser soi-même et les autres. Cela étend notre vision du monde, non seulement parce que nous savons plus de choses, mais aussi car nous les savons différemment. »

Paradoxalement, tandis que la mondialisation impose des besoins en plurilinguisme, faisant des langues étrangères un atout essentiel à la fois socialement, professionnellement et mondialement, de moins en moins d'étudiants américains en apprennent une ou plus jusqu'à sa maîtrise.

Nous devons adopter et soutenir le plurilinguisme local, mais ceci ne peut se faire que si nous offrons ces langues au sein des écoles publiques. De plus, les enfants issus de l'immigration et élevés dans des environnements valorisant la langue de leurs parents apprennent la langue dominante plus rapidement, comme le montrent de nombreuses études. Aujourd'hui, de plus en plus d'étudiants bénéficient de programmes en deux langues à temps plein dans les écoles publiques et finissent leurs scolarités bilingues, bi-alphabètes et biculturels. Cependant, la décision finale dépend du calcul coûts-avantages : si et seulement si les avantages personnels, professionnels et sociaux de compétences en langue étrangère et de connaissances culturelles l'emportent sur les coûts d'opportunité d'acquérir une nouvelle langue plutôt qu'une autre compétence. Il convient également de rappeler que plus l'apprentissage se fait tardivement, à l'âge adulte notamment, plus il est difficile à assimiler et extrêmement coûteux financièrement et en termes de temps.

Gregg Roberts a un jour dit que le monolinguisme est l'illettrisme du XXIème siècle (Kluger, 2013). Les bénéfices personnels, professionnels et sociétaux du plurilinguisme et de l'alphabétisation multiple ont été clairement démontrés. Le défi reste de savoir comment développer les compétences en langues étrangères aux États-Unis. Comme de nombreux parents et éducateurs, nous sommes convaincus que les avantages cognitifs, émotionnels et sociaux d'être multilingue et multialphabétisé sont un don universel, qui devrait être offert à chaque enfant car il peut changer de façon constructive nos écoles, nos communautés et même nos pays.

Références

Academy of Finland (2009). Brains benefit from multilingualism. *Science Daily* 26 nov 2009. Web. Consulté le 30 novembre 2018.

Adkins, S. (2016). The 2015-2020 Digital Worldwide Digital English Language Learning Market. Ambient Insight. Février 2016. Web. Consulté le 3 déc 2018.

American Councils on International Education (2017). *The National K-12 foreign language enrollment survey*. Web. Consulté 30 nov 2018.

Ayala, C. (2014). The Q & A: Rebecca Callahan. *Texas Tribune* 29 oct 2014. Web. Consulté 30 nov 2018.

BBC (2014). *Languages across Europe* (2014). Web. Consulté 30 nov 2018.

Bel Habib, I. (2011). Multilingual skills provide export benefits and better access to new and emerging markets. *Sens public : Revue web* 17 octobre 2011. Web. Consulté 30 nov 2018.

Owler (n.d.) Berlitz Competitors, Revenue, Number of Employees, Funding and Acquisitions. Web. Consulté 30 nov 2018.

Bhanoo, S. (2012). How Immersion Helps to Learn a New Language. *New York Times* 2 avr 2012. Web. Consulté 30 nov 2018.

Bialik, K. (2017). Number of U.S. workers employed by foreign-owned companies is on the rise. *Pew Research Center* 14 nov 2017. Web. Consulté 30 nov 2018.

Bialystok, E., Craik, F., I.M. & Luk, G. (2012). Multilingualism: Consequences for mind and brain. *Trends Cogn Sci.* 2012 avr;

16(4): 240–250. PMC. Web. Consulté 30 Nov 2018.

Blatt, Ben (2014). Tagalog in California, Cherokee in Arkansas. What language does your state speak? *Slate* 13 mai 2014. Web. Consulté 30 nov 2018.

British Council (2013) *The English Effect*. Août 2013. Web. Consulté le 30 nov 2018.

British Council (2013, 2017). *Languages for the future*. Nov 2013, nov 2017. Web. Consulté 30 nov 2018.

Byram, M. (2008). From Foreign Language Education to Education for Intercultural Citizenship: Essays and Reflections. Bristol, UK: Multilingual Matters.

Callahan, R. M. & Gandara, P. C., eds. (2014). *The Bilingual Advantage: Language, literacy, and the US labor market*. Bristol, UK: Multilingual Matters, 2014.

Canadian Heritage/Patrimoine canadien (2016). *Economic advantages of multilingualism: Literature review*. Mai 2016. Web. Consulté le 30 nov 2018.

CBI/Pearson Education and Skills Survey 2017. *Helping the UK thrive*. Web. Consulté le 30 nov 2018.

Center for Applied Linguistics. *Two-Way Immersion*. Web. Consulté le 30 nov 2018.

Chan, K. (2016). *These are the most powerful languages in the world*. 2 déc 2016. Web. Consulté le 30 nov 2018.

CIA News & Information (2010). CIA Director Calls for a National Commitment to Language Proficiency at Foreign Language Summit. 8 déc 2010. Web. Consulté le 30 nov 2018.

CODOFIL. (n.d.). *French Immersion.* Web. Consulté 30 nov 2018

Commission on Language Learning (2017). America's languages: Investing in language education for the 21st century. Web. Consulté le 30 nov 2018.

Committee for Economic Development (2006). Education for Global Leadership: The Importance of International Studies and Foreign Language. Web. Consulté le 30 nov 2018.

Conner, C. (2014). How learning an additional language could influence your business. *Forbes* 17 avr 2014. Web. Consulté le 30 nov 2018.

Cornick, M.F. & Roberts-Gassler, V. (1991). The Value of foreign language skills for accounting and business majors. Journal of Education for Business v. 86 n. 3, 161-163.

Couglan, S. (2017). Montreal ranked top city for students. *BBC News* 15 Fév 2017. Web. Consulté le 30 nov 2018.

Damari, R.R., et al. "The Demand for Multilingual Capital in the U.S. Labor Market." *Foreign Language Annals*, 50(1), 13-37.

Di Paolo, A., and Tansel, A. (2015). Returns to foreign language skills in a developing country: The Case of Turkey. Journal of Development Studies v. 51 n. 4, 407-421.

CAL. (n.d.). Directory of Foreign Language Immersion Programs in U.S. Schools. Web. Consulté le 30 nov 2018.

Carnock J. and Garcia, A. *Dual Immersion Programs: How States Foster Expansion, Face Challenges.* New America. Blog. 21 avr 2016. Web. Consulté le 30 nov 2018.

Georgia DOE. (n.d.). *Dual Language Immersion Programs in Georgia.* Web. Consulté le 30 nov 2018.

E-boost Consulting. (2013). *Five Minutes a Day: Six Sigma Marketing Strategy* (2013). 6 déc 2013. Web. Consulté le 30 nov 2018

Economist Intelligence Unit (2012). *Competing across borders: How cultural and communication barriers affect business.* 25 avr 2012. Web. Consulté le 30 nov 2018.

EF. 2018. *EF English Proficiency Index.* Web. Consulté le 30 nov 2018.

El Pais (2017). Number of Spanish speakers worldwide soars to 572 million. *El País.* 29 nov 2017. Web. Consulté le 3 déc 2018.

Engel, J. S. (2014). Global clusters of innovation: Entrepreneurial engines of economic growth around the world. Cheltenham, UK: Elgar.

English, Chinese, and French most useful for business (2011). *Language Magazine.* Web. Consulté le 30 nov 2018.

Eurobarometer (2012). *Europeans and their languages, 2012.* 25 juil 2012. Web. Consulté le 30 nov 2018.

Euronews (2018). *Poland's skilled workers attract global businesses.* 27 fév 2018. Consulté le 30 nov 2018.

European Commission (2006). Effects on the European economy of shortages of foreign language skills in enterprise. Web. Consulté le 30 nov 2018.

European Commission (2009). *Study on the contribution of multilingualism to creativity.* Web. Consulté le 30 nov 2018.

European Commission (2012). Eurobarometer: 98% say language learning is good for their children, but tests highlight skills gap. 21 juin 2012. Web. Consulté le 30 nov 2018.

European Parliament (2016). Research for CULT committee -- European strategy for multilingualism: Benefits and costs. 14 oct 2016. Web. Consulté le 30 nov 2018.

Fairfax County Public Schools Immersion Programs. Web. Consulté le 30 nov 2018.

Fang, L. (2014). Where have all the lobbyists gone? *The Nation* 19 fév 2014. Web. Consulté le 30 nov 2018.

FERDI (n.d.). Francophonie would provide significant stability in times of crisis. Web. Consulté le 30 nov 2018.

Forfás (2005). Languages and enterprise: The Demand & supply of foreign Language skills in the enterprise sector. 8 juin 2005. Web. Consulté le 30 nov 2018.

Flaherty, C. (2018). L'Œuf ou la poule ? *InsideHigherEd* 19 mar 2018. Web. Consulté le 30 nov 2018.

Florida, R. (2008). Who's your city? How the creative economy Is making where to live the most important decision of your life. NY: Basic, 2008.

Fortune, T. W. (n.d.). *What the research says about immersion.* Web. Consulté le 30 nov 2018.

French Morning (n.d.). *Bilingual fair.* Web. Consulté le 30 nov 2018.

Gala-Global (2018). Translation and localization industry facts and data. Web. Consulté le 30 nov 2018.

Garcia, O. ed. (2009). Bilingual education in the 21st century: A Global perspective. Chichester, UK: Wiley-Blackwell.

Gray, A. (2017). *France becomes the world No 1 for soft power.* 27 juil 2017. Web. Consulté le 30 nov 2018.

Grosjean, F. (2010). *Bilingual: Life and reality*. Boston: Harvard University Press.

Gross, N. (2016). The New Multilingualism.

Grosse, C. U. (2004). The Competitive advantage of foreign languages and cultural knowledge. The Modern Language Journal v. 88 n. 3, 351-373.

Grosse, C. U., Tuman, W. V., and Critz, M.A. (1998). *The Economic utility of foreign language study. The Modern Language Journal* v. 82 n. 4, 457-472.

Gunesch, K. (2008). Multilingualism and cosmopolitanism: Meanings, relationships, tendencies. Saarbrücken, Germany: Mueller.

Harris, E.A. (2015). Dual-language programs are on the rise even for native English speakers. *New York Times* 8 oct 2015. Web. Consulté le 30 nov 2018.

Hazlehurst, J. (2010). Learning a foreign language: Now you're talking. *Guardian* 27 août 2010. Web. Consulté le 3 déc 2018.Hogan-Brun, G. (2017). People who speak multiple languages make the best employees for one big reason. 9 Mar 2017. Web. Consulté le 30 nov 2018.

Institute of International Education (2017). *Open doors report 2017*. Web. Consulté le 30 nov 2018.

National Research Council. (2007). International Education and Foreign Languages: Keys to Securing America's Future Web. Consulté le 1 déc 2018.

International Publishers Association. (2016). *Annual Report. 2015-2016*. Web. Consulté le 1 déc 2018.

International Trade Administration (2017). *Jobs supported by state exports*. Web. Consulté le 1 déc 2018.

Jaumont, Fabrice. The Bilingual Revolution: The Future of Education is in Two Languages. New York, NY: TBR Books, 2017.

Jaumont, F., Le Devedec, B. & Ross J. (2016). "Institutionalization of French Heritage Language Education in U.S. School Systems: The French Heritage Language Program"

Kagan, O., Carreira, M., Chik, C. eds. Handbook on Heritage Language Education: From Innovation to Program Building. Oxford, U.K.: Routledge.

Jolin, L. (2014). Why language skills are great for business. *Guardian* 16 Dec 2014. Web. Consulté le 1 Déc 2018.

Kharkhurin, A. V. (2012). *Multilingualism and creativity*. Bristol, UK: Multilingual Matters.

Kluger, J. (2013). The Power of the bilingual brain. *Time* 29 juillet 2013. Consulté le 26 juin 2018.

Kokemuller, N. (2018). What are the benefits of multilingualism in the workplace?

Kotter, J. The 8-Step Process for Leading Change. Web. Consulté le 30 nov 2018.

Language Immersion (9-12). *Houston Chronicle*. Web. Consulté le 1 déc 2018.

Language Flagship (2009). *What business wants: Language needs in the 21st century*. Web. Consulté le 3 déc 2018.

Lardinois, F. (2017). Duolingo raises 25M at a 700M valuation. *TechCrunch* 25 juillet 2017. Web. Consulté le 30 nov 2018.

Leach, N. (2016). Do you have a spare £66,000? Then learn Mandarin! Interactive map reveals the cost of mastering the world's top 20 languages. *Daily Mail* 3 nov 2016. Web. Consulté le 3 déc 2018.

Learning English: Moving Words. *Nelson Mandela*. Web. Consulté le 3 déc 2018.

Lebov, Ray (2013). *Lobbying 101: What Makes an Effective Lobbyist*. Oct 2013. Web. Consulté le 3 déc 2018.

Lindholm-Leary, K. (2016). Multilingualism and academic achievement in children in dual language programs. In Nicoladis, E., Montanari, S., eds. Multilingualism across the lifespan: Factors moderating language proficiency. Washington, DC: American Psychological Association.

Linguists Online: Language-Teaching Firms. (2013). *Economist* 5 jan 2013. Web. Consulté le 3 déc 2018.

Livermore, D. (2016). Driven by difference: How great companies fuel innovation through diversity. NY: AMACOM, 2016.

Lobbying (definition). Web. Consulté le 3 déc 2018.

Lobbyit. (2016). *Five Reasons to Lobby for your Cause*. 9 oct. 2016. Web. Consulté le 30 nov 2018.

Lozano, R. (2018). An American Language: The History of Spanish in the United States. Oakland: University of California Press.

Lubin, G. (2017). Queens has more languages than anywhere in the world — here's where they're found. *Business Insider* 15 fév 2017. Web. Consulté le 3 déc 2018.

Markarian, M. (2017) 11 Habits of highly effective lobbyists. *Huffington Post* 6 déc 2017. Web. Consulté le 30 nov 2018.

McComb, C. (2001). About One in Four Americans Can Hold a Conversation in a Second Language. 6 avr 2001. Web. Consulté le 3 déc 2018.

McNunn, R. (2017). 6 Top industries for multilingual employees. *Huffington Post* 27 sept 2017. Web. Consulté le 3 déc 2018.

Meaghan (2018). Sorry STEM, Google just made the case for more foreign language education 1 jan 2018. Web. Consulté le 3 déc 2018.

Merritt, A. (2013). What motivates us to learn foreign languages? *Telegraph* 28 fév 2013. Web. Consulté le 3 déc 2018.

Modern Language Association (2018). Enrollments in languages other than English in United States institutions of higher education. Web. Consulté le 3 déc 2018.

Modern Language Association (2007). Foreign Languages and Higher Education: New Structures for a Changed World. Web. Consulté le 3 déc 2018.

Murray, J. (2014). Learning languages is key to UK's success in the global economy. *Guardian* 19 juin 2014. Web. Consulté le 3 déc 2018.

NAFSA (n.d.). *NAFSA international student economic value tool*. Web. Consulté le 3 déc 2018.

The National Institute for Lobbying and Ethics (2017). Web. Consulté le 3 déc 2018.

Neeley, T., and Kaplan, R. S. (2014). What's your language

strategy? *Harvard Business Review* Sept 2014. Web. Consulté le 3 déc 2018.

New American Economy (2017). Not lost in translation: The Growing importance of foreign language skills in the U.S. job market. Web. Consulté le 3 déc 2018.

Poppick, S. (2014). Want to boost your salary? Try learning German. *Time* 4 juin 2014. Web Consulté le 3 déc 2018.

Potowski, K. Handbook of Spanish as a heritage/minority language. (2017) (Edited) Routledge.

Potowski, K. Language diversity in the U.S.A. (Edited). (2010). Cambridge University Press.

Potowski, K. Rothman, J. Bilingual youth: Spanish-speakers in English-speaking countries. (2010). John Benjamins.

Potowski, K. Language and identity in a dual immersion school. (2007). Multilingual Matters.

Redden, Elizabeth (2017). Call to Action on Languages, 10 Years Later. *InsideHigherEd* 6 jan 2017. Web. Consulté le 3 déc 2018.

Report Buyer. The Global online language learning market is forecasted to grow at CAGR of 1897 during the period 2017-2021. (2017). 26 déc 2017. Web. Consulté le 30 nov 2018.

Ross, J. (2019). Two Centuries of French Education in New York. New York, NY: TBR Books.

Ross, J.; Jaumont, F.; Schulz, J.; Ducrey, L.; Dunn, J. (2017) "Sustainability of French Heritage Language Education in the United States" in Peter P. Trifonas and Thermistoklis Aravossitas (editors) International Handbook on Research and

Practice in Heritage Language Education. New York, NY: Springer.

Ross, J. & Jaumont, F. (2014). "French Heritage Language Communities in the United States" in Terrence Wiley, Joy Peyton, Donna Christian, Sarah Catherine Moore, Na Liu. (editors). Handbook of Heritage and Community Languages in the United States: Research, Educational Practice, and Policy. Oxford, U.K.: Routledge

Ross, J. & Jaumont, F. (2012). Building Bilingual Communities: New York's French Bilingual Revolution" in Ofelia García, Zeena Zakharia, and Bahar Otcu, (editors). Bilingual Community Education and Multilingualism. Beyond Heritage Languages in a Global City (pp.232-246). Bristol, U.K.: Multilingual Matters.

Ross, J. & Jaumont, F. (2013). French Heritage Language Vitality in the United States." Heritage Language Journal. Volume 9. Number 3. Joint National Committee for Languages—National Council for Languages and International Studies.

Ryan, C. (2013). *Language Use in the United States: 2011*. US Census. Web. Consulté le 3 déc 2018.

Schroedler, T. (2018). The Value of foreign language learning: *A Study on linguistic capital and the economic value of language skills*. Wiesbaden, Germany: Springer.

Seave, A. (2016). In the battle of online language learning programs, who is winning? *Forbes* 23 Sept 2016. Web. Consulté le 3 déc 2018.

Sercu, Lies (2006). "The Foreign Language and Intercultural Competence Teacher: the Acquisition of a New Professional

Identity." *Intercultural Education*, 17 (1), 55-72.

Sitsanis, N. (2017) *Internet Users by Language: Top 10 Languages.* Web. Consulté le 1 déc 2018.

Statista. *Number of social media users worldwide from 2010 to 2021 (in billions).* Statista. Web. Consulté le 3 déc 2018.

Stearns, P. (2008). Educating Global Citizens in Colleges and Universities: Challenges and Opportunities. New York: Routledge.

Steele, J.L., et al. (2017). *Dual-language immersion programs raise student achievement in English.* Rand Corporation. Web. Consulté le 3 déc 2018.

Stein-Smith, K.(2017). The Multilingual Advantage: Foreign Language as a Social Skill in a Globalized World. *International Journal of Humanities and Social Science* v. 7 no. 3 mar 2017. Web. Consulté le 3 déc 2018.

Stein-Smith, K. (2013). The US Foreign Language Deficit and Our Economic and National Security. Lewiston, NY: Edwin Mellen Press.

Stein-Smith, K. (2013). The US Foreign Language Deficit and How It Can Be Effectively Addressed in a Globalized World. Lewiston, NY: Edwin Mellen Press.

Stein-Smith, K. (2016). The US Foreign Language Deficit: Strategies for Maintaining a Competitive Edge in a Globalized World. NY: Palgrave Macmillan.

Stein-Smith, K. (2013). *The US Foreign Language Deficit.* TEDx. Web. Consulté le 2 déc 2018.

Tharoor, S. (2017). *There's One Country in the World where the*

Newspaper Industry Is Still Thriving. World Economic Forum 24 mai 2017. Web. Consulté le 3 déc 2018.

Trafton, A. (2018). Cognitive scientists define critical period for learning language. *MIT News* 1 mai 2018. Web Consulté le 3 déc 2018.

Turner, C. (2015). *The 5 Traits of Winning Grassroots Campaigns*. 25 fév 2015. Web. Consulté le 30 nov 2018.

UNESCO. *Diversity and the Film Industry*. Mar 2016. Info Paper 29. Web. Consulté le 30 nov 2018.

United Nations (2017). *SG on multilingualism -- a core value of the United Nations*. 19 juillet 2017. Web. Consulté le 3 déc 2018.

United States Census Bureau (2018). *Top trading partners*. Web. Consulté le 3 déc 2018.

United States Census Bureau (2011) *Overview of Race and Hispanic Origin: 2010*. Mar 2011. Web. Consulté le 3 déc 2018.

United States Department of Education (2017). *Teacher shortage areas nationwide listing 1990–1991 through 2017–2018*. Web. Consulté le 3 déc 2018.

United States Department of Labor. *Occupational Outlook Handbook. Translators and Interpreters*. Web. Consulté le 3 déc 2018.

Vanides, J. (2016). 4 Reasons why global fluency matters: an open letter to 6th graders everywhere. 9 Dec 2016. Web. Consulté le 3 déc 2018.

Villanova University. *Difference between: Six Sigma and Lean Six Sigma*. Web. Consulté le 30 nov 2018.

Villanova University. *Six Sigma: DMAIC Methodology*. Web.

Consulté le 3 déc 2018.

Young, H. The Digital Language Divide. *Guardian*. Web. Consulté le 30 nov 2018.

Thompson, A. (2016). How learning a new language improves tolerance. *The Conversation* 11 déc 2016. Web. Consulté le 3 déc 2018.

Weinreich, U. (1968). *Languages in contact*. The Hague: Mouton.

Williams, D. R. (2011). Multiple language usage and earnings in Western Europe. *International Journal of Manpower*. v. 32 n. 4, 372-393

Index

académique, 20, 53, 60

acquisition, 12, 32, 85

alphabétisation multiple, 7, 46, 81, 88, 103

AMACAD, 9, 92

américain, 2, 4, 7, 8, 12, 21, 25, 31, 80, 89, 91

anglais, 5, i, 3, 4, 6, 11, 15, 16, 17, 18, 20, 24, 30, 31, 32, 33, 36, 41, 42, 43, 45, 46, 47, 48, 60, 79, 80, 84, 86, 89, 95, 96, 125

apprentissage, 9, 12, iii, iv, 1, 3, 4, 5, 7, 9, 10, 11, 12, 13, 14, 15, 22, 23, 25, 27, 28, 29, 30, 33, 38, 39, 41, 45, 46, 47, 49, 50, 51, 55, 56, 58, 59, 61, 62, 63, 64, 67, 68, 69, 70, 72, 73, 74, 77, 81, 82, 83, 87, 89, 90, 91, 92, 94, 95, 96, 99, 100, 102

apprentissage linguistique, 39, 68, 69, 70

assimilation, 5

associations, 2, 55, 59, 63, 64, 81, 91, 98

auditions du Congrès, 90

autorités scolaires, 5

bénéfices, 6, 7, 25, 26, 30, 35, 41, 43, 46, 47, 55, 66, 70, 74, 78, 79, 81, 82, 84, 85, 88, 103

bilingue, 5, 11, 12, i, 3, 5, 7, 19, 20, 55, 75, 77, 78, 84, 85, 101, 102, 122, 125

bilinguisme, i, 4, 80

Brooklyn, 8

business, 28, 30, 70, 106, 107, 108, 110, 111

CED, 9

certification, 2

changement de paradigme, 7, 11, 1, 2, 5, 6, 11, 17, 25, 49, 53, 55, 65, 99, 125

citoyenneté, 1, 33, 35, 67, 79, 86, 93, 94, 100

citoyenneté mondiale, 1, 33, 35, 79, 86, 93, 94, 100

citoyens, 11, 5, 6, 7, 14, 15, 56, 61, 69, 84, 85, 86

cognitif, 43, 72, 85

collaboration, 2, 3, 92, 96

communauté, 11, iv, 5, 10, 35, 39, 52, 60, 63, 64, 70, 77, 79, 82, 84, 91, 93, 96, 127

communautés, 8, 11, iii, iv, 1, 5, 6, 9, 10, 11, 12, 14, 15, 17, 19, 29, 35, 37, 38, 50, 51, 52, 53, 55, 56, 59, 63, 64, 66, 67, 74, 78, 80, 81, 85, 86, 96, 99, 101, 102, 103, 125, 127

communautés linguistiques, iii, iv, 1, 6, 96, 127

communautés scolaires, iii, 6

communication, 3, 14, 18, 24, 30, 46, 51, 57, 67, 71, 79, 83, 86, 87, 95, 96, 97, 101, 107

compétences, iii, iv, 3, 7, 8, 9, 10, 12, 13, 14, 15, 17, 19, 21, 22, 23, 24, 25, 26, 27, 28, 29, 30, 32, 33, 35, 36, 37, 38, 39, 41, 42, 43, 45, 46, 49, 51, 53, 57, 58, 59, 61, 62, 63, 66, 67, 69, 70, 71, 74, 77, 81, 82, 83, 84, 85, 86, 87, 88, 89, 90, 91, 93, 94, 95, 96, 97, 98, 99, 100, 101, 102, 103

compétences globales, 36, 83, 95

compréhension mutuelle, iii, 32

connaissance, 47, 48, 56, 77, 79, 85, 89

culture, iv, 4, 7, 30, 32, 33, 47, 48, 67, 68, 71, 74, 83, 95

décideurs politiques, iv, 57

défense, 1, 19, 57, 58, 59, 60, 87, 88, 90, 92, 96, 97, 98, 99

déficit de langues étrangères, 10, 101

déficit de langues étrangères américain, 10

deux langues, 5, iii, 7, 8, 19, 20, 39, 40, 41, 77, 82, 83, 84, 85, 87, 101, 102, 103, 122, 125

développement de programmes, 43

diversité linguistique, 11, i, 35, 86

dominant, 1

échanges interculturels, 6

écoles, 11, iii, iv, 2, 4, 5, 6, 7, 9, 18, 20, 28, 29, 30, 33, 37, 38, 40, 41, 43, 45, 48, 51, 53, 55, 59, 66, 74, 82, 92, 97, 99, 103, 127 écoles publiques, 2, 18, 20, 28, 29, 30, 33, 37, 38, 40, 41, 43, 45, 48, 51, 59, 74, 82, 92, 103

éducateurs, 11, iii, iv, 1, 2, 3, 8, 9, 10, 45, 59, 63, 64, 66, 74, 81, 85, 88, 99, 101, 103, 122, 127

éducation, 5, 8, 9, 12, iii, iv, 3, 6, 7, 8, 11, 12, 15, 16, 17, 21, 28, 30, 33, 37, 38, 39, 41, 55, 59, 77, 81, 82, 83, 84, 85, 87, 91, 98, 101, 122, 123, 125, 127

éducation bilingue, iii

éducation linguistique, iii, 6, 41, 84, 91

éducation multilingue, 12, 6

empathie, iii, 25

employeurs, 3, 13, 19, 22, 29

enfants, iii, 4, 5, 6, 7, 11, 12, 28, 37, 38, 39, 56, 73, 81, 84, 85, 101, 103

enseigner, 5, 7, 38, 42, 72, 84

étudiants, 11, iv, 3, 4, 5, 6, 10, 13, 14, 15, 18, 19, 20, 22, 23, 37, 41, 42, 43, 45, 46, 48, 51, 60, 61, 63, 68, 69, 70, 71, 72, 74, 80, 82, 83, 84, 89, 90, 93, 94, 99, 100, 102, 103

Européen, 26

famille, 4, 21, 62, 73, 82

financement, 2

fondations, 6, 2, 122

formation des professeurs, 90, 99

génération, 4, 33

géopolitique, iii

global, 1, 3, 5, 6, 8, 15, 16, 17, 22, 25, 30, 31, 32, 33, 38, 86, 92, 93, 108, 112, 116

globalisé, 5, 59

gouvernement, 1, 8, 9, 10, 24, 28, 31, 57, 66, 90, 96, 99, 101, 102, 123

Heritage linguistique, 6

héritage linguistique, iv

histoire, 8, 11, 3, 4, 17, 32, 35, 48, 65, 67, 79, 96, 125

identité, 3, 4, 11, 31, 45, 78, 95

identité culturelle, 11, 45, 78

immersion bilingue, 20

Immersion bilingue, 1, 39, 40, 82, 83, 92, 101

immigrants, 4, 84, 89

immigration, 4

immigrés, 45, 85, 103

importance des langues, 1, 27, 48

individus, 1, 3, 19, 31, 57, 59, 77, 86, 87, 127

inégalité, 30

interconnecté, 1, 3, 5, 10, 86

interconnectivité, iii

jeunesse, iii

langage, 9, 12, 46, 78

langue cible, 2, 13, 30, 38, 41, 43, 67, 72, 78

langue étrangère, iii, 4, 9, 10, 11, 13, 14, 21, 22, 23, 25, 33, 37, 40, 41, 45, 48, 59, 63, 65, 67, 70, 74, 102, 103

langue maternelle, 5, 8, 12, 20, 38, 72, 73, 74, 77, 94

langues, 7, 8, 11, iii, iv, 1, 3, 4, 5, 6, 7, 8, 9, 10, 11, 12, 13, 14, 15, 16, 17, 18, 19, 20, 21, 22, 23, 24, 25, 26, 27, 28, 29, 30, 31, 32, 33, 35, 36, 38, 39, 40, 42, 45, 46, 47, 48, 49, 50, 51, 52, 53, 54, 55, 56, 57, 58, 59, 60, 61, 62, 63, 64, 65, 66, 67,69, 70, 71, 72, 73, 74, 77, 79, 80, 81, 82, 83, 84, 85, 86, 87, 88, 89, 90, 91, 92, 93, 94, 96, 97, 98, 99, 100, 101, 102, 103, 122, 123, 125, 127

langues des immigrés, 4

lingua franca, 1, 3, 15, 33, 74, 101

littérature, 4, 16, 19, 26, 32, 46, 47, 51, 67, 71, 78, 95

livres, 5, 2, 14, 16, 71, 72, 122, 125

locuteur natif, 38

minorité, 4

MLA, 4, 9, 45, 67, 69, 71, 83, 89, 90, 91, 97, 98

mobilité, 3, 20, 26, 37, 87

monde, iv, 1, 3, 5, 6, 7, 9, 10, 12, 14, 15, 16, 17, 18, 19, 21, 22, 23, 25, 26, 27, 29, 30, 31, 32, 33, 35, 37, 38, 39, 42, 43, 45, 46, 47, 48, 53, 59, 61, 69, 77, 78, 79, 81, 84, 86, 87, 89, 91, 92, 93, 94, 95, 96, 100, 102

monde globalisé, 1, 3, 7, 9, 10, 12, 45, 53, 91

monolingue, 11, i, 4, 5, 17, 19

monolinguisme, 3, 5, 25, 103

multilingue, 10, 12, 15, 103

plurilinguisme, iii, iv, 5, 7, 11, 28, 36, 78, 102, 103

NAFSA, 8, 22, 112

nation, 11, i, iv, 4, 33, 39, 79, 88, 89

nations, 3, 17, 19, 20, 23, 31, 32, 33, 80, 87, 96

New York, 5, 7, 8, 12, iv, 20, 36, 40, 80, 92, 93, 100, 105, 109, 110, 113, 114, 122, 127

niveau universitaire, 4, 8, 41, 45, 51, 60, 65, 68, 70, 80, 89, 90, 98

norme, i, 3, 7, 83, 85

opportunités, 2, 3, 12, 16, 23, 25, 27, 28, 43, 50, 63, 68, 69, 70, 78, 84, 85, 86, 87, 99, 102

organisations internationales, 3, 17, 20, 79

paradigme, iii, iv, 6, 11, 49, 55

parents, 11, iv, 1, 4, 5, 6, 7, 11, 29, 53, 59, 60, 74, 80, 81, 85, 88, 90, 99, 101, 102, 103, 122, 127

partenariat, 1, 10, 50, 88

partenariats, 2, 9, 50, 67, 99

parties prenantes, 1, 8, 9, 10, 66, 75, 79, 81, 88, 96, 99, 102

pays, 11, i, 6, 7, 11, 16, 17, 22, 27, 28, 29, 32, 35, 36, 39, 48, 49, 80, 81, 92, 93, 94, 96, 103

pédagogie, iii, 85, 123

personnel, 5, 14, 15, 19, 26, 43, 56, 58, 74

plurilinguisme, 1, 3, 4, 5, 6, 7, 8, 18, 19, 20, 25, 26, 29, 33, 35, 36, 38, 43, 46, 53, 67, 74, 78, 79, 80, 81, 82, 84, 85, 86, 87, 88, 89, 92, 93, 94, 95, 96, 100, 101, 102, 103, 127

politique linguistique, 19

population, i, 3, 18, 19, 32, 40, 48, 86

pouvoir, 4, 33, 35, 83, 101

pratiques, iv, 1, 11, 14, 17, 26, 42, 43, 49, 50, 52, 56, 69, 70, 71, 122

professeurs, iv, 2, 22, 41, 42, 43, 58, 60, 65, 66, 67, 73, 80, 83, 89, 102

professionnel, 5, 15, 27, 43, 45, 53, 56, 59, 78

programme, 5, 8, 11, iv, 1, 3, 14, 15, 20, 29, 33, 39, 40, 41, 42, 60, 64, 65, 66, 71, 72, 82, 92, 98, 99, 122, 123, 125

puissance linguistique, 5

quartiers, 5

rapport, 8, 9, 20, 24, 41, 69, 71, 80, 90, 91, 92, 97, 98

rapport phare, 9

recruter, 2, 19, 27

réseaux, 3, 17, 49, 51, 56, 59, 60, 62, 64, 71, 81, 93, 100, 127

respect, 6, 82

ressource linguistique, 5

sécurité nationale, 8, 81, 91

Simon, 8, 90, 97, 98

social, 5, 10, 17, 38, 43, 49, 55, 100, 101, 114

société, i, iii, 4, 5, 12, 17, 26, 33, 37, 39, 43, 59, 75, 79, 81, 82, 83, 85, 95

soft power, 3, 28, 30, 32, 33, 96, 109

standards, iii

statu quo, 3

STEM, iii, 112

Strength through Wisdom, 8, 90, 98

système scolaire, 8

tolérance, 3, 6, 78

travailleurs, 3, 19, 21, 22

US Census, 21, 114

valeur, 5, 6, 11, 19, 20, 22, 25, 27, 28, 29, 30, 35, 52, 53, 58, 63, 66, 67, 86

vertus culturelles, 7

visas, 2

XXème siècle, 4

XXIème siècle, iii, 7, 17, 103

A propos des auteurs

Fabrice Jaumont est l'auteur de *La révolution bilingue : le futur de l'éducation s'écrit en deux langues* (TBR Books, 2017), qui donne des idées et des conseils pratiques pour les parents et éducateurs voulant créer un programme en deux langues dans leur propre école. Il a aussi publié plusieurs livres et articles, notamment *Unequal Partners: American Foundations and Higher Education Development in Africa* (Palgrave-MacMillan, 2016), *Partenaires inégaux: fondations américaines et universités en Afrique* (Editions Maison des Sciences de l'Homme, 2018) et *Stanley Kubrick: The Odysseys* (Books We Live by, 2018).

Fabrice Jaumont est un chercheur associé à la Fondation Maison des Sciences de l'Homme à Paris. Il est aussi Attaché Éducatif à l'Ambassade de France aux États-Unis, directeur de programme de la Fondation FACE à New York et fondateur du site internet New York in French. Fabrice Jaumont est diplômé d'un doctorat en Éducation Internationale et Comparée de la New York University. Il a été fait *Chevalier dans l'Ordre des Palmes académiques* par le Gouvernement français et le *Prix de la diversité culturelle* lui a été décerné par l'*Organisation internationale de la Francophonie* et le Comité des Ambassadeurs francophones aux Nations Unies. Pour plus d'informations, rendez-vous sur son site : fabricejaumont.net

Kathleen Stein-Smith est l'autrice de *The U.S. Foreign Language Deficit: Strategies for Maintaining a Competitive Edge in a Globalized World* (Palgrave-MacMillan, 2016), *The U.S. Foreign Language Deficit and How It Can Be Effectively Addressed in the Globalized World: A Bibliographic Essay* (Edwin Mellen Press, 2013), et *The U.S. Foreign Language Deficit and Our Economic and National Security: A Bibliographic Essay on the U.S. Language Paradox* (Edwin Mellen Press, 2013).

Kathleen Stein-Smith est bibliothécaire universitaire associée et adjointe de la Faculté en Langues Etrangères de l'Université Fairleigh Dickinson, Présidente de l'Association Américaine des Enseignants de la Commission Française sur le Plaidoyer, membre du Comité d'éducation et de pédagogie de l'American Translators Association et conseillère de la Conférence des États du Centre sur l'enseignement des langues étrangères, de la Conférence du Nord-Est sur l'enseignement des langues étrangères et de la Conférence du Sud sur l'enseignement des langues. Elle est également animatrice de langue française dans le programme Many Languages One World. Elle a prononcé un discours sur TEDx, *The U.S. Foreign Language Deficit—" What It Is; Why It Matters; and What We Can Do about It"*. Elle tient aussi un blog, « Language Matters ». Elle est titulaire d'un doctorat en études interdisciplinaires de l'Union Institute & University et a été faite *Chevalier dans l'Ordre des Palmes académiques* par le Gouvernement français.

A propos de TBR Books

TBR Books est un programme du Centre pour l'avancement des langues, de l'éducation et des communautés. Nous publions des chercheurs et des praticiens qui cherchent à impliquer différentes communautés sur des sujets liés à l'éducation, aux langues, à l'histoire culturelle et aux initiatives sociales. Nous traduisons nos livres dans diverses langues pour renforcer notre impact. Devenez membre de TBR Books et bénéficiez d'un accès gratuit à tous nos livres :

- *Le don des langues : vers un changement de paradigme dans l'enseignement des langues étrangères aux États-Unis* de Fabrice Jaumont et Kathleen Stein-Smith est disponible sur notre site Web et dans les principales librairies en ligne sous forme de livre de poche et de livre électronique.

- *La révolution bilingue : le futur de l'éducation s'écrit en deux langues* de Fabrice Jaumont est disponible en anglais, arabe, français, allemand, russe, espagnol et bientôt en chinois, italien, japonais et polonais.

Pour obtenir la liste de tous les livres publiés par TBR Books, des informations sur notre série ou les directives de soumission de textes à l'attention des auteurs, visitez notre site Web à l'adresse :

www.tbr-books.org

A propos de CALEC

Le Center for the Advancement of Languages, Education, and Communities est une organisation à but non lucratif dédiée au plurilinguisme, la compréhension interculturelle et la diffusion des idées. Notre mission est d'avoir un impact sur les individus en aidant les communautés linguistiques à créer des programmes innovants et en soutenant les parents et les éducateurs par le biais de recherches, de publications, de mentorat et de réseaux. Nous servons de nombreuses communautés par le biais de nos programmes phares, notamment :

- TBR Books, notre filiale d'édition qui publie des recherches, des essais et des études de cas axés sur des idées novatrices en matière d'éducation, de langues et de développement culturel ;

- The Bilingual Revolution, un programme qui fournit des informations, du coaching et du soutien aux familles plurilingues cherchant à créer des programmes bilingues dans les écoles ;

- NewYorkinFrench.net, une plateforme en ligne qui fournit des outils collaboratifs pour soutenir la communauté francophone de New York et la diversité des personnes francophones.

Nous soutenons également les parents et les éducateurs souhaitant faire progresser les langues, l'éducation et les communautés. Nous participons à des événements et à des conférences qui favorisent le plurilinguisme et le développement culturel. Nous fournissons enfin des services de conseil aux chefs d'établissements et aux éducateurs qui mettent en œuvre des programmes plurilingues dans leurs écoles. Pour plus d'informations et pour savoir comment soutenir nos missions, visitez le site : www.calec.org

www.ingramcontent.com/pod-product-compliance
Lightning Source LLC
LaVergne TN
LVHW051123080426
835510LV00018B/2205